BAJO EL CIELO DE BAGDAD

Zélia Carneiro Baruffi

Por el Espíritu

Celmo Robel

Traducción al Español:
J.Thomas Saldias, MSc.
Trujillo, Perú, Noviembre, 2023

Título Original en Portugués:
"Sob O Céu De Bagdad"
© Zélia Carneiro Baruffi, 2000

World Spiritist Institute
Houston, Texas, USA
E-mail: contact@worldspiritistinstitute.org

De la Médium

Nacida en la ciudad de Castro – PR, Zélia Carneiro Baruffi, tuvo contacto con el Espiritismo en su propia casa: sus padres eran espíritas: Víctor Ribas Carneiro y María Antonia Marins Carneiro. Se graduó como docente y enseñó hasta jubilarse en 1982.

Como activista espírita, fundó la Escuela Espírita Allan Kardec en 1978 en la Penitenciaría Estadual Central, en la ciudad de Piraquara– PR, junto a su esposo, el Dr. Walter Baruffi, entonces médico de esa unidad penitenciaria. Participó en encuentros sobre Evangelización de Niños y Jóvenes, impartiendo clases y conferencias.

En el Centro Espírita de la ciudad de Lapa– PR, era evangelizadora y médium, cuando recibió los libros dictados por el Espíritu Celmo Robel: *Bajo el Cielo de Bagdad, Trayectoria Amarga* y *El Sueño de un Vencedor*.

Actualmente participa en labores de asistencia social y mediumnidad en la Sociedad Espírita "Os Mensageiros da Paz", en Curitiba– PR, ciudad donde vive.

Del Traductor

Jesús Thomas Saldias, MSc, nació en Trujillo, Perú.

Desde los años 80s conoció la doctrina espírita gracias a su estadía en Brasil donde tuvo oportunidad de interactuar a través de médiums con el Dr. Napoleón Rodriguez Laureano, quien se convirtió en su mentor y guía espiritual.

Posteriormente se mudó al Estado de Texas, en los Estados Unidos y se graduó en la carrera de Zootecnia en la Universidad de Texas A&M. Obtuvo también su Maestría en Ciencias de Fauna Silvestre siguiendo sus estudios de Doctorado en la misma universidad.

Terminada su carrera académica, estableció la empresa *Global Specialized Consultants LLC* a través de la cual promovió el Uso Sostenible de Recursos Naturales a través de Latino América y luego fue partícipe de la formación del **World Spiritist Institute**, registrado en el Estado de Texas como una ONG sin fines de lucro con la finalidad de promover la divulgación de la doctrina espírita.

Actualmente se encuentra trabajando desde Perú en la traducción de libros de varios médiums y espíritus del portugués al español, habiendo traducido más de 270 títulos, así como conduciendo el programa "La Hora de los Espíritus."

Índice

Dedicatoria 8
Introducción 9
Parte I..11
    Capítulo I...12
    Capítulo II..19
    Capítulo III..24
    Capítulo IV..31
    Capítulo V...36
    Capítulo VI..45
    Capítulo VII...54
    Capítulo VIII..59
    Capítulo IX..63
    Capítulo X..68
    Capítulo XI..75
    Capítulo XII...80
    Capítulo XIII..84
    Capítulo XIV..90
    Capítulo XV...95
    Capítulo XVI..105
    Capítulo XVII 111
Parte II 119
    Capítulo XVIII...120
    Capítulo XIX..127
    Capítulo XX 132
    Capítulo XXI..136
    Capítulo XXII 141

Capítulo XXIII 156
Capítulo XXIV 163
Capítulo XXV 170
Capítulo XXVI 177
Capítulo XXVII 185
Capítulo XXVIII 188
Epílogo 197

Esta obra es un verdadero regalo de Dios, como tantas otras que dan a los lectores, una vez más, una idea de la vida en otros mundos.

Para algunos; sin embargo, representa el tesoro más grande, pues muestra las condiciones en que vivieron sus espíritus en encarnaciones pasadas, sus errores y aciertos, enseñándoles los modos en que pueden, ahora en la encarnación presente, recuperarse y evolucionar meritoriamente.

La novela es un emotivo relato de amor, sufrimiento, renuncia y odio, vividos intensamente por los personajes en tiempos lejanos, en la ciudad de Bagdad, donde se desarrolla esta apasionante historia.

La venganza impuesta por el sultán Emir Ornar a Farid Camur, un rico comerciante de esclavos, transforma la vida de los personajes de esta historia, cambiando radicalmente el rumbo de sus vidas.

"*Bajo el cielo de Bagdad*", inicialmente titulada "*Almas que sufren*", fue recibida por la médium en 1960, en la tranquila ciudad de Lapa-PR, donde trabajaba como médico su marido, el doctor Walter Baruffi. Se trata de una novela vivida en la Tierra alrededor del siglo XVII y que continúa tras la desencarnación de los personajes, contándonos un nuevo plan de reencarnación y progreso.

Dedicatoria

Dedico este libro a mis queridos padres, donde quiera que estén en la espiritualidad, y a los desinteresados instructores en el plano espiritual que me ayudaron a realizar este modesto trabajo.

A mi familia, por alentarme a realizar este trabajo, estoy profundamente agradecida. Sin ellos, todo se perdería en el tiempo y el espacio.

Zélia Carneiro Baruffi.

Curitiba, 26 de febrero de 2000.

Introducción

Con este trabajo y como alguien que todavía tiene mucho que aprender, queremos dar a conocer lo que para muchos sigue siendo un enigma: la otra cara de la vida, pero que para nosotros ya se ha convertido en una realidad.

Nada de lo que narraremos a través de estas páginas es nuevo porque otros ya lo han hecho antes.

Solo con este informe pretendemos confirmar una vez más todo lo que ya han dicho innumerables hermanos que, como nosotros, han pasado a la espiritualidad. Hay vida más allá de la tumba. El trabajo aquí existe de la misma manera que en la Tierra, solo que con más intensidad y más responsabilidad.

Éste es el futuro que le espera a la humanidad aquí.

Nada termina con la muerte del cuerpo material. Todo cambia y cualquier cosa que hagamos, buena o mala, mientras estamos encarnados, resultará en nuestra felicidad futura.

Esta es una historia de amor, odio, encuentros y desencuentros, tan común aun hoy, aunque nuestros personajes la vivieron a mediados del siglo XVII, en una pequeña parte de Medio Oriente, en medio de tantas luchas y errores, tan característico de una humanidad aun en evolución.

En la primera parte de esta obra, el lector encontrará acontecimientos que involucran a personajes sin esclarecimiento alguno sobre el amor verdadero y que harán que el odio estalle en sus corazones, provocando graves consecuencias para el mejoramiento espiritual de todos los involucrados en esta complicada trama de emociones.

La ciudad de Bagdad es el escenario donde se desarrolla nuestra historia.

En la segunda etapa del libro, relatamos la vida en una Colonia espiritual, donde nuestros personajes son llevados tras la desencarnación. Allí existen innumerables Departamentos y Ministerios, Institutos Educativos y Cámaras de Enfermos, donde colaboradores desinteresados nos dan prueba, con el ejemplo del amor fraterno, de la dedicación constante al prójimo, que la vida continúa después de la muerte del cuerpo físico y que solo a través del estudio constante y de nuestro desarrollo moral, lograremos algún día la evolución tan esperada por nuestras almas sufrientes.

Muchos leerán estas páginas con un dejo de incredulidad y se preguntarán: ¿existe tal vida? Pero, en el tesoro de sus almas, algo de todo lo que lean quedará grabado y, quién sabe, en el futuro recordarán las palabras que hoy les digo.

Mucho se ha dicho sobre la vida espiritual a través de libros, mensajes y comentarios de espiritistas y espíritus, pero nunca está de más volver al tema.

Que Jesús, nuestro divino Maestro y Amigo, ilumine nuestro camino y que sus ejemplos de humildad, de perdón, de renuncia y de amor, calen profundamente en nuestros corazones aun sedientos de luz.

Celmo Robel, Febrero 2000

Parte I

Capítulo I

"Resígnate a las penas que te impongan o sufrirás aun más."

No lejos de Bagdad, en un lugar tranquilo, perdida entre montañas y árboles, a orillas del río Éufrates, se alzaba una majestuosa villa de líneas sobrias y distintas, con sus torres apuntando hacia arriba, en una eterna súplica a Alá, Dios del Este. Graciosas enredaderas extendían sus gruesas ramas sobre el tejado, formando una agradable sombra que invitaba al descanso.

Rosales cuidadosamente dispuestos sobre la alfombra verde que la naturaleza había colocado allí, esparciendo un suave perfume por el aire.

Completando la poesía del lugar, un esclavo esperaba en la entrada, en la orilla del río, mientras tocaba con entusiasmo melodías de su flauta. La escalera de mármol conducía a un rico salón decorado con tapices, donde dos hombres conversaban.

Abraham Salus tenía signos visibles de abatimiento en su rostro. Sus ojos miraban atentamente al visitante que, gesticulando, hablaba de un tema que no le gustaba.

Durante diecisiete largos años, había tenido en su compañía a la hija de Farid Camur, a quien le había cogido mucho cariño, y ahora estaba allí para tomarla, arrebatársela de su compañía.

Abraham Salus sabía que no podía exigirle que renunciara a su intención.

Sus pensamientos turbulentos regresaron al pasado lejano... Había firmado un documento, años atrás, en el que se comprometía en esa fecha a entregar a Sarah Camur a su verdadero padre, perdiendo así toda autoridad sobre la niña que había crecido a su lado.

Como una flor, pequeña y tierna, había crecido, floreciendo radiante y hermosamente, devolviendo con amor y cariño todos los años de dedicación.

Se había convertido en la hija que nunca tuvo. Se había convertido en la alegría de su vida, reemplazando a su hijo Marcus en su corazón, ya que había muerto poco después de nacer.

Solo el corazón de Fáuzia no había sido tocado por la joven, que lo había intentado todo en su afán por conquistar su cariño.

No quería, no podía entender que Abraham pudiera compartir el cariño que le pertenecía con otra, aunque esa otra fuera una indefensa criatura.

Abraham Salus, al ver que no podía cambiar la situación creada por su esposa, buscó alivio en los ojos negros e inocentes de la niña para aliviar su pena.

Así, había crecido entre la maldad de Fáuzia y la ternura de Abraham, que satisfacía sus más pequeños deseos.

Todos los días la llevaba a su barco. Salieron al amanecer, con la canasta de golosinas que Sarah nunca olvidó. Le encantaba verla morder la fruta cuando, después de una larga caminata por el río, bajaban a tierra para comer.

Luego, Sarah se sentó en el césped y disfrutó de las frutas y los dulces de miel, arreglándose de vez en cuando su cabello negro y rizado que la brisa insistía en esparcir.

Entonces Abraham sonrió y en esa sonrisa estaba toda su vida. Cuántas veces había pensado, con amargura, en el día en que esa niña tendría que abandonarlo y reflexionado con tristeza sobre el sufrimiento que le habría causado Lamura, la madre de la niña... Abraham Salus no escuchaba a su interlocutor. Un ruido a su lado le hizo retroceder.

Se puso de pie y abrazó contra su pecho a esa amada figura que acababa de arrodillarse a sus pies con los ojos llenos de lágrimas.

Finalmente llegó la separación.

No dijeron nada. Simplemente se abrazaron en silencio, reprimiendo las lágrimas que ahogaban sus voces.

- Que Alá te bendiga - alcanzó a decir Abraham Salus con indescriptible amargura.

Farid Camur, avanzando, se despidió poniendo fin a aquella escena. Abajo, ajeno a todo aquel drama, los esperaba el esclavo con los animales.

Farid Camur acomodó a Sarah y volvió a saludar a Abraham, que permanecía junto al cenador con el rostro inundado de lágrimas.

Sarah intentó darse la vuelta una vez más y despedirse, pero prefirió guardar en silencio ese preciado recuerdo en su corazón. No quería recordarlo en su último adiós. El que había sido su padre ahora estaba perdido en sus recuerdos más queridos.

Farid se acerca y ella puede observarlo con más detalle. Es su padre. Debe obedecerlo y respetarlo, pero siente que nunca podrá amarlo. Se había convertido en un extraño para ella.

Avergonzada, se deja llevar. Los pensamientos confusos torturan su alma. Ni siquiera la belleza de aquel apacible y magnífico paisaje, donde tantas veces soñó sus sueños de infancia, lograba ahora calmar su agitado espíritu. Era como si de repente unas manos despiadadas la estuvieran arrojando fuera de su dominio hacia lo desconocido.

No le habían dicho nada sobre toda la situación.

No se le dio ninguna explicación. Solo sabía que debía obedecer al hombre que ahora estaba allí, frente a ella, altivo, con una mirada fuerte y enigmática que le provocaba una extraña sensación de curiosidad y miedo. Se sentía cada vez más atrapada en un destino incierto. Tenía la extraña sensación que unas fuertes esposas la sujetaban a ese hombre.

Dejó que las lágrimas cayeran libremente por su rostro mientras el terror se apoderaba de todo su ser. Quería correr, huir de aquel extraño que se hacía llamar su padre y arrojarse en los tiernos brazos de Abraham Salus, pero sabía que su partida era inevitable.

Y así, en este estado de extrema angustia y sufrimiento, abandonó su amado hogar en compañía de Farid Camur.

El cielo empezaba a oscurecerse cuando los tres viajeros llegaron a Bagdad.

Al ver la ciudad con sus comerciantes, sus bailarines, sus encantadores de serpientes, pregonando ruidosamente sus productos, su feria de animales, sus puestos de telas, sus adivinos, Sarah, que hasta entonces había permanecido en silencio, preguntó:

- ¿A dónde vamos?

Sin volverse, el austero comerciante de esclavos respondió:

- Al palacio del Emir.

Una daga le habría hecho menos daño. ¿Era el sultán, el hombre que la había separado de su familia?

¿Finalmente iba a encontrarlo?

Temblando, cerró los ojos, intentando controlarse. Nunca supo por qué fue enviada a la casa de Abraham Salus.

Hubo muchas ocasiones en las que le pidió que le contara su verdadera historia; sin embargo, recibió la respuesta que el pasado no era importante y que perdonar a sus enemigos debía ser una constante en su vida.

¿Por qué el perdón?

Ella no lo odiaba, simplemente sentía un gran dolor en su corazón por verse abandonada, lejos de su verdadera familia, que solo conocía a través de los informes que Abraham le daba de vez en cuando.

Fue en estas ocasiones que le instó a no albergar en su corazón sentimientos de rebelión y venganza contra los suyos, porque llegaría el día en que regresaría a casa. Le habló de su padre, con gran entusiasmo y admiración, tal vez preparándola para su regreso.

Se encontraron ahora frente al palacio del sultán con sus enormes puertas de hierro, que se abrieron de par en par para permitirles el paso.

En el patio donde hacían ejercicio unos soldados de la guardia, Sarah desmontó y siguió a su padre por un estrecho callejón que desembocaba en una habitación ricamente decorada con tapices orientales y jarrones indios donde el aroma de esencias perfumadas creaba un toque de misterio en el ambiente.

Allí estaban dos mujeres jóvenes. Al ver a los recién llegados, se apresuraron con entusiasmo.

Farid les pidió que prepararan a Sarah para presentarla al sultán más tarde.

Así que quedó al cuidado de extrañas, en ese ambiente misterioso, oliendo a aceites y esencias.

Por primera vez después de dejar Abraham Salus sonrió al ver su imagen reflejada en el espejo momentos después. Estaba espectacular para su encuentro con el Emir Ornar, el sultán.

La existencia de personas que podrían haber adquirido juntos conocimientos que les permitirían subir más fácilmente los peldaños de la evolución espiritual, pero que por errores se vieron arrojados unos contra otros. Y en su afán de alcanzar la felicidad terrena, se comprometieron cada vez más con el Padre Celestial.

La niña que fue arrebatada a su familia por las manos despiadadas del Sultán Emir cuando apenas había abierto los ojos a la vida, fue condenada por él al exilio y al sufrimiento en compañía de Fáuzia cuya hostilidad la llevaría al odio y ¿por qué? Si Farid Camur no hubiera penetrado en el harém sagrado del sultán emir, Sarah no habría sido separada de su familia.

La sentencia del sultán fue:

"Te perdonaré la vida, para que mueras poco a poco en la memoria de la hija que te será arrebatada, en el odio que te profesará tu esposa Lamura, en el desprecio que te profesará Sarah Camur, la hija cuyo cariño nunca conocerás porque la llevaré lejos y le enseñaré a odiarte... Solo entonces seré vengado."

Y Sara cumplió su destino. Durante diecisiete años vivió allí aislada a orillas del río Éufrates, siendo su único cariño el de Abraham Salus.

Ahora que había regresado a su verdadero hogar, ¿podría amar a un padre cuyo corazón nunca había conocido?

¿Y el comerciante austero?

Después de salir de la casa de Abraham Salus, solo un pensamiento le preocupaba: "Llegar al palacio del Sultán Emir y allí esperar el fin de la sentencia que lo torturó durante años."

Ni una mirada, ni una palabra de cariño hacia la hija que estaba a su lado. Era un extraño, un extraño cuya presencia, impuesta a la joven, sabía que no sería agradable.

Sus miradas apenas se encontraron y las pocas palabras que intercambiaron fueron ceremoniales y frías. ¿Qué tendría para ofrecerle esa chica, arrebatada de su vida hace tantos años? ¿Amor, odio, desprecio?

Los pensamientos daban vueltas y vueltas haciendo conjeturas. Y por mucho que lo intentara, su corazón no podía aceptar a la hija que había sido el motivo de tanta amargura en su hogar. Durante muchos años había intentado borrar de sus pensamientos esa figura pequeña, frágil e indefensa, olvidar entre el trabajo y los viajes la figura sufriente de Lamura que lo cargaba silenciosamente durante toda su vida el dolor y sufrimiento que le había causado la expulsión de su hija. Su hogar se había desmoronado, sus noches, sus días de remordimiento interminable, contenidos en su pecho, mezclados entre el orgullo herido y un dolor que solo él podía sentir. Sin embargo, una mezcla de amor y odio se había instalado en su corazón. La existencia de su hija le exigía constantemente acciones irreflexivas. Sintió una necesidad casi incontrolable de tenerla entre sus brazos, acariciarle el cabello, compensar todo el tiempo perdido, llevarla a Lamura y pedirle perdón entre lágrimas sinceras, pero su orgullo, su orgullo, eran mayores. Tendría que continuar su terrible experiencia de sufrimiento en silencio. Se mantendría firme a cualquier precio.

¡Farid Camur nunca se inclinaría!

Ahora la llevaría ante el sultán, cumpliendo solo una orden más. El futuro solo el tiempo podría revelarlo.

En silencio, habló consigo mismo, olvidando que tal vez este reencuentro podría traer un gran cambio en su vida.

Su actitud; sin embargo, la hizo estremecerse, y el nombre del Emir Ornar pronunciado con tanta rudeza hizo que la semilla del odio y el deseo de venganza anidaran en su corazón.

Capítulo II

"Aclara tu mente en las Luces, tienes deberes hacia los demás, el perdón es una de las enseñanzas del maestro."

Sentado en el borde de la cama, nuestro personaje medita. Ve el brillo de satisfacción que vio en los ojos de su padre cuando la miró.

También escuchó las exclamaciones de admiración de los sirvientes que rodeaban al Emir Ornar cuando se la presentaron. La había hecho permanecer a su lado durante la fiesta donde primaba toda la belleza oriental.

Los bailarines ricamente vestidos se presentaron con gracia al embriagador sonido de las flautas que llenaron todo el ambiente de armoniosa melodía.

El Emir Ornar observó el espectáculo embelesado con mucha bebida y comida. Platos de asados y frutas, ricamente decorados, fueron ofrecidos a los invitados por hermosas odaliscas que iban y venían todo el tiempo, en un interesante y preciso ritual. Éstos, junto con Farid Camur, discutieron acaloradamente sobre el comercio de especias y esclavos, en el que también participaba su padre como sirviente del Emir.

Sarah no podía entender cómo su padre llevaba esclavos encarcelados en tierras tan lejanas al sultán para que le sirvieran. Recordó ahora, allí en sus habitaciones, la figura de algunos de ellos que lo custodiaban y también de aquellas mujeres sentadas a los pies del sultán.

¿Podrían ser sus esposas?

Me vino a la mente el rostro del Emir Omar. Era un hombre de aspecto apuesto. Su rostro estaba enmarcado por pobladas cejas negras. Sus grandes ojos almendrados la miraron durante mucho tiempo durante la fiesta, inquietándola.

Estaba vestido con una especie de capa azul plateada, tachonada de piedras. Sobre el turbante de seda blanca brillaba una amatista. Tenía un gran anillo de rubíes y diamantes en los dedos. Los dientes blanquísimos, la boca y los labios sensuales, dejaban entrever una amplia sonrisa.

Cuando Sarah pidió permiso para retirarse, ordenó a los sirvientes con solo una mirada que prepararan su cama.

Ahora, en sus habitaciones, maravillosamente decoradas con los más ricos adornos, piensa, reflexiona, reclinada sobre enormes cojines de colores.

Solo él puede contarte lo que ignora. No puede, no debe quedarse en silencio. Ella preguntará, suplicará a sus pies, hasta que se enoje y dirá u ordenará que la ahorquen.

Luego se queda dormida debido a las emociones y el cansancio del viaje. A la mañana siguiente la encontraremos hablando con el Emir Ornar en una de las alas cercanas a un gran parque ajardinado, desde donde se podía ver a algunos de los comerciantes en las calles, a través de la puerta entreabierta del palacio.

- Espero que la noche te haya ayudado a descansar, Sarah – dijo el Emir Ornar al verla recostada en el cojín.

- No podía dormir tranquila, porque pensaba en cuál sería mi destino.

Por un momento, el Emir Ornar se detiene para examinarla. El silencio que se produce entre ellos es espantoso.

Sarah mira nerviosamente los rosales que se mecen con la brisa de la mañana, luego sus ojos vagan por la hierba, las paredes, hasta el cielo azul claro y sereno. Sus pensamientos cruzan las calles, las colinas y se detienen mucho más allá.

Luego ve la figura de Abraham caminando hacia ella y juntos cruzan el bosque como en el pasado. Pero la voz imperiosa del sultán la devuelve a la realidad.

- Farid tiene una agradable villa en la costa mediterránea. Allí irás dentro de unos días - responde entre pausas. Sin embargo, esta respuesta no satisfizo a Sarah.

- Sé poco de mi padre – aventuró -. A pesar de mi deseo de conocerlo mejor, ignoro todo lo relacionado con mi familia. Soy una extraña para ellos. ¡Por favor guíame por caridad! Desconozco el origen de este castigo del que soy la principal víctima. Por Alá, te lo ruego: dime la razón por la que fui separada de mis padres...

Aclárame la cabeza que no entiendes. Seré tu más leal servidor, ayúdame...

¡Por Alá! Dime ¿qué hizo mi padre, qué hizo el mío por tal castigo?

Las lágrimas comenzaron a humedecer sus ojos y su voz, ahogada por el torrente de emociones incontenidas que sacudía su centro, era difícil de escuchar.

Como si volviera a un pasado lejano, el Emir cierra los ojos. Sarah, Sarah Camur... Son recuerdos que torturan su mente. Debe seguir sufriendo su sentencia. Una palabra suya y esa casi niña postrada a sus pies dejará de ignorar el motivo de esa venganza... Pero no hablará. Que ella también sufra. Que sufra todas las amarguras que pueda. Que tanto ella como Farid reciban su odio una vez más.

No, no podía perdonar. Si no había matado a Farid, era porque la muerte le sería muy poco. Con toda la fortuna que poseía, se habría sentido el más pobre de los mortales, el más desafortunado, porque así lo quería. Solo así sería vengado. Esos diecisiete años todavía no habían sido suficientes para apaciguar su odio hacia quien había violado sus leyes y entrado en el Harém Sagrado, traicionando su confianza.

El Emir recuerda una vez más la esbelta figura de Zaira, una de sus elegidas. Todavía se puede oler el aroma de su cabello ondeando al viento y la dulzura de su melodiosa voz. Él la amó desde el primer momento. Fue llevada por manos de Farid Camur, el comerciante de esclavos, a su harém.

Y precisamente él, Farid Camur, le había traicionado manteniendo un romance secreto con Zaira durante mucho tiempo dentro de su palacio, hasta que uno de sus guardias los sorprendió.

Zaira, temerosa de su destino en sus manos, se suicidó cortándose las muñecas y llevándose los sueños de Emir Ornar con ella. Farid Camur, creyendo que su amigo no descubriría su identidad, permaneció en las instalaciones del palacio, donde solía permanecer varios días, como era su costumbre, hasta emprender un nuevo viaje.

Sin embargo, con la esperanza de ganarse el favor del sultán y conseguir un nuevo puesto, la guardia denunció a Farid, quien luego fue encarcelado, azotado y arrojado a los sótanos del palacio en espera de sentencia.

Por qué el Emir Ornar no había ordenado la ejecución de Farid, ni siquiera él lo sabía...

Por alguna razón desconocida lo admiraba. Tenía una amistad fraternal con él...

Apreciaba su coraje, su orgullo. No se doblegó ante las emociones. Tenía un extraño poder para dominar a las personas con solo su mirada negra y penetrante. Todos se inclinaron ante sus órdenes. Emir Ornar, aunque quiso borrarlo de la faz de la tierra, en ese momento en el que un intenso odio dominaba su corazón, no pudo hacerlo.

No podía decir qué extraño poder tenía Farid Camur sobre su persona. Solo sentía que la presencia de Farid Camur a su lado le daba poder, le devolvía la energía, le hacía aun más poderoso. No, no podía aplicar sus leyes ordinarias a este hombre. Quería castigarlo de una manera más cruel, quería que Farid Camur siguiera a su lado, sirviéndole y sufriendo el mismo dolor intenso que ahora le destrozaba el corazón.

Entonces decidió salvarlo de la muerte, pero le quitaría el mayor tesoro de su vida: su hija recién nacida.

Ahora ella estaba allí, bañada en lágrimas, rogándole que le revelara su pasado.

No, su venganza aun no estaba completa. Él no diría nada y ni siquiera intentaría ayudarla. ¿Para qué? Si como su padre ella también lo odiaba...

Reabrió los ojos como si hubiera despertado de una larga pesadilla y, controlando sus emociones, habló deliberadamente:

- Alá reservó la mejor de las sorpresas para quien fue exiliado por mi voluntad: el regreso a casa.

No se debe recordar el pasado. Solo la felicidad deberías saberlo.

Pero en lo más profundo de su ser, Emir repetía: "Solo debes conocer la tristeza, hija de Farid Camur, maldita para siempre a través de los siglos."

Sarah recibió esas odiosas vibraciones, como un puñal en su corazón.

- Sí, lo entiendo - murmuró al sultán, mientras repetía el pensamiento: "¿Cómo puede este hombre odiar tanto durante tantos años? Qué le hizo mi padre, porque siento que todavía lo odia. ¿Cómo puedo dedicarle amor filial si él fue la causa de mi dolor y de mi tristeza, quien mató todo bien existente en mi corazón, quien me hizo desconfiar de las criaturas?

Sí, supo entender el odio del Emir Ornar porque ella también empezó a odiarlo y nunca lo perdonaría.

Por las horas sufridas en compañía de Fáuzia, por los castigos inmerecidos, por las horas de soledad y amargura, no, no lo olvidaría."

Capítulo III

"En el palacio del Emir los días pasaban lentamente..."

Sarah había sido llevada al palacio del Emir, lejos de los ojos curiosos de la gente entre sus esclavos favoritos. Permaneció en ese ambiente por mucho tiempo mientras no llegaba la orden de irse. Surgió una nueva Sarah. Sus ojos una vez expresivos y afectuosos ahora reflejaban solo frialdad y odio.

No podía gustarle ninguna de las mujeres del harém, pero hubo una que llamó especialmente su atención. Era extremadamente hermosa y siempre estaba observando sus movimientos.

Esa tarde estaban completamente solas, a la orilla del lago.

Quizás el destino quiso crear uno propio, colocándolas tan juntas.

Sarah se había quitado el velo que la cubría, dejando que la brisa acariciara su pálido rostro. Su cabello negro ondeaba al viento y sus mechones caían sobre sus bien formados hombros.

Contempló tranquilamente el paisaje que se desarrollaba a lo lejos, ajena a la presencia de Tulí.

Algo se agitaba dentro de esa mujer cada vez que se acercaba a Sarah. Cuerpo esbelto, cabello liso y dorado como el sol que brilla en el cielo.

Estaban tan juntos que era interesante observarlos. Parecían dos bestias acorraladas, midiéndose desde la distancia. Tulí de repente se vuelve hacia Sarah y le dice:

- Naciste para reinar en el palacio del Emir; sin embargo, permaneces ajena a todo como si nada te interesara. ¿Por qué no fuiste a la fiesta como los demás? - Preguntó observando su rostro, el cual permanecía inmóvil.

- ¿Olvidas que no soy un esclavo? No me obligan a hacer nada, no voy a las fiestas del sultán porque las odio y no quiero ser blanco de miradas curiosas... - respondió la joven con altivez y desdén.

Las mejillas de Tulí se pusieron rojas ante la respuesta ofensiva de Sarah.

Sí, era esclava, pero su orgullo de mujer no había sido esclavizado y toda la rebelión contenida en su ser floreció en ese momento.

- Te lo juro, pagarás caro esta ofensa – dijo -. Eres demasiado orgullosa para mezclarte con las otras mujeres del harém, mujeres esclavizadas por tu padre para el placer del sultán. Pero escucha atentamente lo que te digo. Pagarás caro por este delito. Fue Farid Camur quien me esclavizó, ¿sabes? Arruinaré tu vida y la deshonraré como tu padre deshonró la mía. Juro por Alá que te haré mi esclava también...

Sarah se levanta y enfrenta a Tulí con el mismo odio en los ojos que mostró la otra. Quería lastimarla y ahora estaba satisfecha. Tulí siempre la seguía por todo el palacio, espiándola de aquí para allá, pero ¿por qué pensó que podía esclavizarla, si ella era libre y Tulí no?

En unos días partiría hacia lo desconocido y ya no tendría que preocuparse por la mujer que ahora la amenazaba con tanta vehemencia. Y sin responder a sus insultos, se dirigió a su alojamiento, dejándola atrás envuelta en su rebelión, recordando la forma en que había sido esclavizada por Farid Camur.

Sus pensamientos regresan a tiempos lejanos, a su tierra natal.

Pertenecía a una humilde familia de nómadas. Su padre, un hábil herrero, atendía a casi todas las caravanas que pasaban por el pueblo, ayudado por sus dos hermanos. Ella, su madre y sus hermanas fabricaban vasijas de barro que pintaban artísticamente y que luego cambiaban por mercancías, pieles de animales, telas o vendían a comerciantes caravaneros que desembarcaban allí en busca de los servicios de su padre y hermanos. No tenía mayores ambiciones. Vivía del trabajo en el pueblo y su futuro ya estaba definido. Estaba comprometida con un joven pastor del pueblo vecino y se sentía muy feliz.

Pero, aquella tarde inolvidable, cuando vencida por el cansancio y el calor abrasador del sol, decidió bañarse en el lago, su destino cambiaría para siempre.

De repente, cuando se acercaba al agua, fue sorprendida por unos encapuchados que, saltando desde detrás de un grupo de palmeras, le arrojaron sobre ella una red de encaje en la que quedó irremediablemente atrapada. Luchando hasta casi el agotamiento, pidiendo ayuda a gritos. Sin embargo, fue en vano. En unos instantes ya estaba arrojada sobre un caballo que galopaba rápidamente, desapareciendo en la inmensidad del desierto. Ahora recuerda que durante muchos días viajaron hasta llegar a un pequeño pueblo donde la colocaron junto a otras jóvenes que esperaban embarcarse hacia tierras lejanas.

Solo entonces se dio cuenta que había sido cruelmente esclavizada.

Fue allí donde escuchó por primera vez el nombre de Farid Camur, el rico comerciante de esclavos.

Farid Camur - recordaba ahora - su rostro siempre estaba cubierto por una capucha que salía de su ropa, dejando al descubierto solo dos ojos muy negros y penetrantes.

En la cubierta de su barco mercante, Farid Camur siempre mandaba a sus hombres con pocas palabras, yendo y viniendo en ese barco, ahora lleno de hombres y mujeres arrancados a sus familias con extremo salvajismo.

En las bodegas del barco se podía escuchar su voz firme y autoritaria, trazando el rumbo de sus vidas que habían sido arrojadas, amontonadas y mezcladas con la tierra de aquella oscura y húmeda bodega.

Los sollozos angustiados de las voces que pedían misericordia, los gritos de desesperación de madres e hijas separadas de sus familias, nada, nada hizo que ese hombre siquiera escuchara su grito.

El fuerte olor del mar combinado con la total inmundicia en la que estaban colocados le hizo sentir náuseas. Había hombres y mujeres, decenas, cientos.

No lo sabía con seguridad, porque se empujaban unos a otros en busca de un trozo de sol y un poco de aire fresco.

Hubo días y noches terribles, donde el único recurso era suplicar a Alá la salvación de las manos de quien había cambiado los destinos a cambio de un puñado de monedas de oro.

Fue un solo grito, en la noche, que se fusionó amargamente con los gemidos de tantas otras personas esclavizadas como ella.

¿Cuál sería su suerte?

Pensó en sus padres y hermanos que estaban distantes.

Lágrimas espesas que se mezclaban con el sudor de su rostro brotaban de sus ojos sin cesar. La certeza de no volver a ver a su familia le destrozó el corazón como un puñal afilado clavado por las manos de Farid Camur, el poderoso traficante de esclavos.

Farid Camur, ajeno al sufrimiento causado por sus manos despiadadas, desembarcó aquí y allá vendiendo especias procedentes de la India y China. Traía piedras preciosas, sedas, porcelanas y adornos, que luego vendería a los señores ricos que eran sus clientes habituales. Su fama se había extendido a muchos países. Todos sabían que no había mejor comerciante que él. Supo explorar como nadie el oficio de hombres y mujeres.

Conocido por ser un tipo tranquilo y frío, tenía un espíritu aventurero e inquieto, siempre en busca de emociones.

Admirado por mujeres de todos los rincones, se mantuvo orgulloso, orgulloso y profundamente conocedor del mercado oriental.

Había aprendido de su padre el oficio de navegante y, en cuanto se sintió capacitado, construyó su propia flota y zarpó, navegando los mares en busca de fortuna.

La valentía fue una constante en su vida. No había ninguna ley que contradijera sus acciones. Fue sin duda el mejor comerciante de la zona centro-sur de Oriente, donde se abría una vasta llanura entre los ríos Éufrates y Tigris. Allí vivían señores ricos en agradables casas aristocráticas.

En aquella época, la región todavía era un importante centro comercial y allí se reunían las caravanas que viajaban desde la India al Mediterráneo.

Fue entonces, en esta ciudad convulsa donde las ciencias y las artes ensayaban sus pasos, cuando Farid Camur acabó en tierra, en una parte de la casa del sultán, hasta emprender de nuevo su viaje. Tulí recordó cada detalle de la vida de Farid Camur con un inmenso desprecio por aquel hombre.

Llevaba mucho tiempo en el palacio del sultán Emir Ornar. De nada servían sus lamentos, no podía hacer más que sobrevivir año tras año, cavilando sobre su desgracia y alimentando cada vez más la bilis de la venganza, pero ahora la hija de Farid Camur estaba allí. También quería esclavizarla. Quería verla sufrir tanto como él la hizo sufrir, pero ¿cómo?

La tripulación del barco mercante de Farid Camur se prepara para el viaje. Los días que tendrían que afrontar en alta mar fueron largos hasta llegar a su destino. Llevaban, además de mucha comida, algunos barriles de agua para la tripulación y los pasajeros, que, además de Sarah, eran pocos.

Los días previos al embarque transcurrieron pacíficamente y ahora se encontraban en alta mar.

Finalmente estaban de camino a la isla Centromel, un pequeño pedazo de tierra en la costa mediterránea y lejos de los dominios del Emir. La población de la isla era tranquila y hospitalaria y sobrevivía del comercio de especias y de la pesca.

Farid Camur había vivido como dormido antes de los acontecimientos. Había evitado pensar. Entre una actividad y otra, intentaba no afrontar la realidad.

Desde su encuentro con Abraham Salus y el regreso de Sarah a su compañía, se había producido un cambio radical en su forma de ser. Llevaba una amargura indescriptible en su corazón que no dejaba mostrar. Quería amar a su hija, pero ¿cómo podría borrar de su mente esos años de sufrimiento por los que había pasado?

No dejó que sus sentimientos se mostraran, temiendo que Sarah no lo perdonase. No podía permitir que la joven supiera el verdadero motivo por el cual había sido alejada de la vida de su madre. No quería sufrir vergüenza y humillación, por lo que evitaba la presencia de su hija, revelando una frialdad que estaba lejos de sentir.

Muchas veces, sin que ella lo supiera, la observaba de lejos, apreciando sus gestos y su porte distinguido, que en todo se parecía al de Lamura.

¡Oh! ¡Pobre Lamura! ¿Cómo podía ser tan cruel, golpeándola así, quitándole a su aun pequeña hija para escapar de la muerte? Quería arrojarse a los pies de su esposa, cubriéndola de besos pidiéndole perdón, pero el orgullo se lo había impedido muchas, muchas veces.

Recordó, ahora con abundantes lágrimas, que, finalmente, se habían limitado a intercambiar unas pocas palabras cuando él regresó a Centromel.

Su orgullo había creado una barrera entre ellos que ya no podía superar. Habían sufrido solos la pérdida de su hija. Él se dedicó al trabajo y a viajar, y Lamura, recluida en casa, esperando que algún día el corazón de su marido, a quien tanto amaba, se abriera a ella.

Solo Selma, su hija menor, le mostraba cariño, haciéndole compañía cada vez que regresaba de sus viajes. Solían dar largos paseos por Centromel, mientras Farid Camur le contaba a su hija sus viajes por el Mediterráneo. Habló de las grandes tormentas que enfrentaba, de las noticias de otros rincones, buscó en su hija el cariño que no se atrevía a buscar en Lamura.

Ahora, de regreso a casa, Farid Camur no sabía qué hacer.

¿Cuál será la reacción de Lamura?

Y Cara, u gran amiga, ¿cómo lo recibiría en el momento final?

¿Podrá finalmente intentar reconciliarse con Lamura? Al fin y al cabo, ya se ha cumplido la condena del Emir Ornar.

Sus pensamientos vuelan salvajemente, enredándose en mil conjeturas. Farid Camur, el poderoso traficante de esclavos, tiene miedo. Miedo de amar.

Capítulo IV

"En Centromel..."

Centromel es como un paraíso perdido al borde del Mediterráneo, donde las ondulantes olas besan la cálida arena de las playas. Sus calles estrechas albergan casas bajas y blancas cubiertas de acacias en flor. Las mujeres no ocultan su rostro con velos, simplemente usan un manto alrededor de su cuerpo que también cubre sus cabezas. Los hombres llevan una gran capa sobre su camisa blanca: el burnoz. Es hacia este lugar, rodeado de inmensos cocoteros y palmeras datileras, hacia donde se dirige Sarah, llevada por el vaivén de las olas del mar. Sin embargo, trae una profunda tristeza en sus ojos, arraigada en su corazón, un profundo sentimiento de desamor.

Tuvo la oportunidad de aprender en tan solo unos días lo que realmente es sentirse sola. Estar completamente sola.

Había conocido parte de la vida del hombre que le había dado su ser. Sin embargo, no sabía si debía amarlo u odiarlo... En vano intentó comprender los sentimientos de aquellos familiares que la esperaban en Centromel. ¿Cómo sería su madre...? ¿Cómo podría amarla después de tantos años?

Abrumada por una cruel tortura en su alma, parte hacia la cubierta del barco.

La noche está tranquila. Sarah se quita el velo que cubre parte de su rostro.

La silueta bañada por la luz de la luna... el cabello al viento, haciéndolo parecer una figura de algún rincón encantado.

Apoyada contra la pared, piensa, recompone toda su vida con Abraham Salus, su infancia despreocupada corriendo por los verdes prados y su intento de hacerse amar por Fáuzia...

Poco a poco, el palacio de Abraham Salus comienza a surgir en su mente, y dulces recuerdos acarician su corazón. Ve las enredaderas en flor, siente el delicado aroma de la brisa acogedora que acuna sus sueños de niña, las palmeras datileras... Sus ojos se llenan de lágrimas, sabe que nunca más volverá a ver ese dulce rostro que tanto amaba. Su vida ahora estaría junto a aquellas criaturas que sabía que no podía apreciar, aquellas a quienes su corazón no había aprendido a amar y se negaban en su corazón a aceptar este destino cruel lejos de Abraham Salus.

Gruesas lágrimas ruedan por su rostro cansado, ante los recuerdos que toman forma en su mente. Ya no llora, solloza. Sollozando como un niño.

- ¡Nunca volveré a ver a Abraham Salus! – Exclama –. ¡Nunca más volveré a ver esos ojos azules mirándome con dulzura y bondad! ¡Solo tendré ojos fríos, corazones vacíos y brazos malvados esperándome! ¿A quién le podría gustar después de tantos años de ausencia, a quién, a quién?

¿Quién sabrá compartir conmigo los sentimientos de mi corazón si el que hasta ahora se dice mi padre no ha hecho más que torturarme con preguntas inútiles? ¿Qué hizo el sultán? ¿Qué le dijo? ¡Oh! Alá, ¿este hombre ha olvidado que tengo corazón? ¿Por qué no dije lo que esperaba oír? Esas palabras tan bien las pronunció Abraham, aunque yo no tenía su sangre... ¿y cómo será mi vida ahora, cuál será mi destino? - clamó entre lágrimas.

- Alá tiene reservado un buen destino para ti, doncella tan hermosa - se escuchó una voz a su lado.

Sarah se da vuelta alarmada ante esa repentina aparición. Quería irse, pero el anciano frente a él tenía un rostro tan dulce y sereno que se detuvo.

-No tengas miedo, no quiero hacerte daño. Yo también viajo en este barco y me dirijo hacia Centromel, mi isla lejana. No estoy de acuerdo con que una joven tan hermosa esté tan desesperada. La vida es hermosa y vale la pena vivirla.

¿Cuál es el motivo de este llanto doloroso?

Sarah se seca los ojos con el dorso de la mano, se ajusta el manto con cuidado y responde temerosa:

- ¡Oh! No vale la pena molestarte con mi arrepentimiento. No lo entenderías... Mi mente está confundida, mi corazón está amargado, no veo más que hostilidad en todo y en todos...

- ¿A dónde vas, no te quieren? - Intervino el anciano.

- No lo sé señor... Aun no conozco a mi familia, no sé si me quieren...

- ¡Oh! Entonces puedo adivinar quién eres.

Y haciendo un gesto respetuoso dijo:

- Hija de Farid Camur.

Sarah intenta alejarse, pero el extraño la detiene y continúa hablando:

- Entiendo todo el dolor que entra en tu alma. Conozco vagamente tu historia. No, no quiero que te arrepientas, nunca debemos recordar lo que nos hace sufrir. Entreguemos nuestros destinos a Alá. Observa las olas en el océano, están en calma. ¡El susurro del viento es casi una melodía! Y allí... muy lejos, más allá de esas pequeñas colinas, está Centromel, tu destino, Sarah Camur. Centromel, la isla que da la bienvenida a todos. Allí hay mucho sol y paz. Te gustará y habrá luz en tus ojos cuando lo mires.

- ¡Oh! Señor, que amables son tus palabras...

- Me gusta caminar por la cubierta del barco por la noche cuando viajo. Contemplar el cielo, el mar inmenso, ésta es mi alegría, pero hoy doy gracias a Alá por haberte encontrado.

Y tras una pausa, continuó:

- Entonces, ¿estás más tranquila? No, no te preocupes, todo estará bien mientras aprendas a perdonar.

- Hablas como Abraham Salus, pero es tan difícil de olvidar...

Sarah estaba a punto de continuar pero la forma de un hombre emerge de las sombras. Escondido en la oscuridad de la noche, alguien los había estado observando durante mucho tiempo. Fue Meliano quien rompió el silencio:

- Mira, es mi sobrino quien vino a recogerme. Siempre teme por mí. No aprecia que esté ausente.

Se acercó el sobrino de Meliano.

- Es mi amiga, Celmo - presenta el amable anciano árabe -. La conocí hace unos momentos y ya hemos hablado mucho, y volviéndose hacia Sarah, continuó.

- Ve, hija mía, y que Alá bendiga tu destino.

Ella se aleja, impresionada por las palabras de ese hombre, pero el recuerdo de los grandes y expresivos ojos del sobrino de Meliano la perturba durante el resto de la noche.

Ya no puede pensar en Farid Camur ni en su familia.

Las palabras de Meliano lograron adormecer sus recuerdos, pero esos ojos... esos ojos negros no podía olvidar. Es como si ya los hubiera visto, pero ¿dónde, cuándo?

Celmo Robel... nunca lo había visto antes, pero la conocía. Su alma siente que ya la conoce, pero ¿cuándo, si nunca abandonó la compañía de Abraham Salus?

Al sobrino de Meliano le había pasado lo mismo.

Luego de retirarse a su cabaña, exploró sus recuerdos, buscando en lo más profundo de su alma dónde había encontrado ese rostro.

Buscó en sus recuerdos y continuó preguntando:

- ¿Dónde...? ¿Cuándo...? ¡Ella estaba allí, la mujer que él conocía ya había existido en su vida! Sabía que su voz era dulce y suave como un panal. Su risa era tan clara como el cristal de una cascada... pero entonces ¿por qué no recordaba dónde la había encontrado antes? Y sentado allí, con la cabeza entre las manos, se preguntó por qué ocurrían esos recuerdos.

Para nuestro personaje fue un misterio, una alucinación. Habiendo conocido a Sarah Camur por primera vez y estar seguro de haber vivido con ella, saber qué quería esa alma rebelde y testaruda. ¿Cómo puede ser?

Era el pasado, nuevamente presente en los tortuosos caminos de la Tierra.

Para él un misterio; para nosotros, la maravillosa certeza de la reencarnación, brindándonos una vez más la oportunidad de reparación y reconciliación.

Sin saber las razones del destino, aquellas almas se sintieron atraídas nuevamente.

Comenzó esa noche, con el permiso del Padre Mayor, una nueva oportunidad de reajuste para esos dos corazones.

Capítulo V

"El reinicio de Sai-ah..."

Tres mujeres estaban discutiendo los detalles finales de los preparativos para la llegada de Sarah.

Lamura, Selma y Cara: la última heredera de antiguos nobles, pueblo oriental y que vivía en Centromel, leal a la familia Camur.

Mientras la sirvienta coloca sobre la cama mantas decoradas con encajes, Lamura, con alegría intraducible, le cuenta a su amiga cuánto cambiará su vida el regreso de Sarah. Quiere rodearla de cariño y atención, quiere amarla, más aun para compensar los años de ausencia que había pasado en un profundo sufrimiento, imaginando cómo su hija había crecido lejos de su comodidad. Y si Abraham Salus alguna vez se había acordado de pronunciar su nombre con cariño o si el silencio total sobre él también era parte de la venganza tan bien urdida por el sultán Emir Ornar.

Inmersa en una amarga espera, había vivido todos esos años, angustiada por no haber recibido nunca ni una sola noticia de su hija, tan alejada de todo y de sus verdaderos sentimientos hacia ella. Su vida, si así se pudiera llamar a toda su existencia hasta ese día, había sido una larga y dolorosa espera. Una espera que había provocado que el intenso brillo que tenían sus ojos se fuera apagando poco a poco, así como toda su esperanza de felicidad en esta vida.

Su matrimonio se había desmoronado. Al principio había tratado de buscar consuelo en el corazón endurecido de su marido que le había dicho que tanto la amaba, pero no había encontrado en aquel hombre el cariño que su corazón necesitaba para seguir alimentando la esperanza de algún día encontrar a su hija de nuevo.

Farid Camur, contrariamente a lo que se esperaba, se había distanciado de ella. Quizás consciente de todo el daño que le había causado a Lamura, no pudo acercarse a ella por miedo a ser considerado responsable por la actitud irreflexiva que había destruido su hogar y su familia. Tenía miedo, miedo de perder lo poco que le quedaba al lado de Lamura y se mantuvo alejado de todo y de todos, entregándose al trabajo y a los viajes que se hacían cada vez más frecuentes. Había huido, había huido del amor que sentía por su esposa, dejándola a su espera solitaria.

Lamura recordó, cuantas veces, miró con indescriptible envidia, a los niños que iban y venían junto a sus madres por las calles de Centromel, buscando, en la sonrisa de cada uno de ellos, la carita de su Sarah.

Las lágrimas rodaron por su rostro sufriente. Todo parecía irreal, absurdo. Su corazón ya no podía decir lo amargo que se había vuelto.

¿Cuántas noches hubo en las que después que todos se hubieron retirado, ella se escabulló de sus habitaciones y bajó al jardín a llorar su pérdida? Volvió sus ojos húmedos hacia el cielo iluminado por la luna y pidió a Alá misericordia para su corazón. Sí, allí estaba Selma, su hija menor, y en los ojos de su hija encontró un rastro que esperaba, por tanto, poder dedicarle su cariño, el amor de madre, pero la diminuta figura de su primogénita no abandonó sus pensamientos ni por un momento.

La sentencia del sultán había sido brutal y descomunal. Solo el inmenso amor que sentía por su marido la había hecho renunciar a su hija en favor de su vida. ¿Dónde se había guardado el amor que Farid Camur decía sentir por ella todos estos años?

¿Dónde había estado encerrado el afecto que tanto había buscado? Farid Camur había estado demasiado ausente de todo. Una mirada, una palabra amable, un gesto de cariño sería suficiente y sus días de angustia habrían sido más fáciles; sin embargo, había dejado que su orgullo herido le impidiera mostrarse verdaderamente tal como era ante Lamura. Había sufrido de la misma manera la pérdida de su hija, pero había preferido obstruir la verdad con actitudes falsas que poco a poco también alejaron a su esposa.

¡Pobre Farid Camur! Cuántos males podría haber evitado si hubiera dejado que su corazón sintiera todas las emociones que necesitaba para crecer espiritualmente. La rudeza de sus actitudes no correspondía a sus sentimientos más queridos.

Aquel hombre de pocas palabras, de mirada dura y penetrante, de actitudes duras y frías, tenía en realidad un corazón que quería amar y ser amado. Si hubiera escuchado sus sentimientos y hubiera buscado el perdón del delicado corazón de su esposa por sus acciones, todo habría sido muy diferente.

El arrepentimiento, el perdón y el pedir perdón son remedios saludables para las almas enfermas. Nuestro pobre Camur estaba enfermo. Había dejado que el orgullo se instalara dentro de su corazón, impidiéndole ser feliz con Lamura y su hija, incluso si estaban distantes. El sufrimiento solo tiene valor real para nuestro crecimiento espiritual cuando es aceptado en nuestro pecho con resignación y libre de rebelión y cuando lo utilizamos para hacer el bien y no causar más daño.

Dios, nuestro Padre, nos dio un poder inmenso, a través del amor y del perdón de las ofensas, para construir nuestro destino, modificarlo si es necesario, buscando en la comprensión de los problemas que enfrentamos un resto de luz para transformar la oscuridad del sufrimiento, en luz que calienta e ilumina nuestros días en la prueba terrenal.

Farid Camur sufrió e hizo sufrir a quienes solo necesitaban su amor y su perdón.

Ahora, muchos años después, Sarah estaba de camino a casa y Lamura, eufórica, se preparaba para darle la bienvenida.

Había enviado sedas y adornos desde Persia para obsequiárselos a su hija.

Había colocado en los estantes los más finos perfumes orientales. Había encargado cojines de los más variados colores para adornar las habitaciones de Sarah.

La alegría reinaba en el corazón de aquella madre que tanto había sufrido la pérdida de su hija.

Para esas tres mujeres no hubo acontecimiento más importante que el que marcó la llegada de Sarah Camur a su verdadero hogar.

A la mañana siguiente, el barco atracó en la isla Centromel.

Sus pocos pasajeros bajaron rápidamente. Entre ellos, Celmo Robel. Tenía un sentimiento extraño en su alma. Había sido feliz hasta entonces, pero desde el momento en que sus ojos miraron el hermoso rostro de Sarah, algo en su ser despertó y se agitó dentro de él como un siniestro búho.

El sol brillaba en lo alto mientras Sarah Camur, sostenida por el brazo de su padre, abandonaba el barco para regresar a la comodidad de su hogar.

Transcribir aquí cómo fue aquel encuentro sería realizar el milagro de trasladar al papel los sentimientos que dominan al ser humano en estos momentos decisivos de la vida.

Hablar del intenso brillo que había en los ojos de Lamura cuando contempló por primera vez el suave rostro de la hija que le habían arrebatado cuando era recién nacida y ahora transformada en una hermosa joven. Hablar de la emoción de Sarah ante el contacto de las manos de su madre... de la sinceridad de Selma, que no ocultaba su alegría... y de Cara, que esperaba impaciente poder abrazarla, también es imposible...

Solo Farid Camur permaneció en silencio. Su corazón agitado latía salvajemente. Por primera vez en muchos años, abrazó tiernamente a Lamura. Sus manos temblaban y estaban frías. Sintió un inmenso deseo en su pecho de abrazarla, tenerla en sus brazos y decirle lo mucho que aun la amaba, pero se limitó solo a mirarla y saludar respetuosamente a Cara quien lo observaba atentamente.

Poco después se alejó con Selma para que sus sentimientos no lo traicionaran. Necesitaba ser fuerte, no podía debilitarse ahora. A los pocos segundos, lejos de allí, volvía a ser el mismo Farid Camur, altivo, insensible y orgulloso.

Más tarde, Sarah, en las habitaciones que le habían sido asignadas, dejó caer libremente las lágrimas reprimidas, con tanta valentía. Rodeada así, de repente, de tantas manifestaciones de cariño, se sintió confundida, amargada, extraña...

Llegó a un gran ventanal que daba a un parque ajardinado, donde pudo escuchar el sonido de una fuente perdida en medio del bosque y exhaló profundamente contemplando el paisaje que se desarrollaba ante sus ojos. Sentía miedo, como si algo estuviera a punto de suceder...

- "Estoy nerviosa" - pensó, mientras se dirigía a la cama. Allí estaban todos los regalos que le había dado la familia.

Sostuvo la capa blanca entre sus manos, mientras cerraba los ojos en oración a Alá. Luego se dejó llevar por el cansancio y se quedó dormida. Cuando volvió a abrir los ojos, momentos después, vio la figura de su madre. Ella había estado allí, casi todo el tiempo, velando por su sueño, acariciando su cabello, recordando, tal vez, un pasado lejano, lleno de esperanza y que ahora sabía que nunca podría vivir. Su unión con Farid se perdió en el tiempo. El sabor del amor experimentado en los primeros años de comunión conyugal había dado paso a la indiferencia, a menudo mezclada con el odio y el amor que ella escondía en lo más profundo de su alma.

Simplemente se había dejado vivir en la ansiedad, esperando el regreso de Sarah. Imaginó que ahora era posible la reconciliación con su marido. Sintió ternura en sus ojos negros cuando la miró subrepticiamente y sintió que el amor aun estaba presente en su corazón cuando, hacía apenas unos momentos, la abrazó por un largo tiempo.

Se dio cuenta que todavía la amaba como lo había hecho en los primeros días. Sarah estaba de regreso, allí entre ellos, entonces ¿por qué la frialdad que había notado momentos después, nuevamente en sus ojos? A pesar del regreso de su hija, ¿sintió que el pasado continuaría entre ellos?

¿Y Farid Camur - pensó - tendrá la fuerza para olvidarlo todo y buscar por fin la paz y la felicidad que poco a poco se nos escapaban de las manos?

Amaba a su marido. Sí, todavía lo amaba más que a nada. Poco a poco buscaría llegar al corazón de aquellos que se empeñaban en mantener cerradas todas las puertas que les llevarían a la felicidad.

De repente ahuyentó los recuerdos, cuando se dio cuenta que Sarah se había despertado. No quería que ella se diera cuenta en ningún momento de su fragilidad como mujer que aun siente una gran pasión en su corazón.

Con firmeza le preguntó a su hija que la observaba desde hacía algún tiempo:

- Entonces, ¿estás más descansada? Te haré preparar tu baño. Verás como todo va y estarás más dispuesta. Descansa mucho y no te preocupes. Todo estará bien ahora que definitivamente estás a nuestro lado.

Sobre la mesa hay un cuenco con fruta.

Lamura se inclina para ofrecérselos a su hija.

Se sirve automáticamente las frutas, perdida en sus pensamientos.

- ¿Qué estás pensando, hija? - Pregunta Lamura cariñosamente.

- En Abraham Salus - responde rápidamente -. Recuerdo su dedicación hacia mí. Es bueno estar aquí, a tu lado ahora, mamá. Siento que te amo.

Y por primera vez pronunció el nombre de su madre.

Fue el amor filial floreciendo en ese corazón cansado, el que finalmente surgió.

Invadida por este sentimiento que la hacía dulce, Sarah buscó refugio en los brazos de su madre, apoyando la cabeza en las rodillas. De repente, pensó en el hombre que conoció en el viaje. ¡Qué curiosa es la vida! ¿Él también estará entre su familia?

Aquella imagen silenciosa de dos almas sufrientes que finalmente se habían encontrado después de tantos años, adornaba aun más la tarde soleada en Centromel.

Farid Camur, después de unos días en tierra, partió nuevamente, dejando a su hija al cuidado de su madre. Con esto creía que los días de terrible experiencia de su esposa habían terminado. En cuanto a Sarah, la pobre niña intentó varias veces tocar su corazón, pero siempre encontró una fuerte barrera en la mirada de su padre. No había cariño entre ellos. La niña comprendió de inmediato que solo debía respetar a su padre.

Sintió que su madre estaba triste por la actitud de su padre hacia ella pero no valía la pena herir su corazón una vez más en un intento de ser amada por ese hombre que no hizo nada para merecer su amor.

Pasaron muchos meses.

El viento frío y cortante de principios de invierno soplaba incesantemente por las estrechas callejuelas de las calles de Centromel.

A esa hora, al anochecer, casi no había nadie alrededor. Solo una figura se deslizaba ligeramente, esquivando aquí y allá las rocas del camino.

Envuelta en una gruesa capa blanca, esa figura continuó descendiendo la calle que conducía a la playa.

Allí, en una pequeña casa, rodeada de palmeras que se doblaban con el viento, se detuvo.

Después de examinar cuidadosamente el paisaje marino agitado por el viento que ahora era cada vez más fuerte, empujó la pequeña puerta y entró. Había un delicioso olor a algo cocinándose en la casa.

El recién llegado se quita la gruesa capa que cubría parte de su rostro y se dirige a la habitación.

Un joven alto y fuerte salió a su encuentro con una amplia sonrisa en los labios.

- Entonces, ¿cómo estuvo hoy? ¿El mercado tuvo un buen desempeño?

- Aquí está el producto de la venta - respondió el recién llegado, sacando del interior del albornoz una bolsita con monedas que extendió alegremente sobre la mesa -. Con esta cantidad ya podremos adquirir nuestro ansiado barco.

- Sí, sí – dijo Lucas, con ojos brillantes e igualmente negros. - Estas monedas nos traerán suerte.

Y riendo alegremente, levantó con sus manos todas las monedas, dejándolas caer una a una, nuevamente sobre la mesa, mientras exclamaba frenéticamente:

-¡Alá te bendiga, Celmo, mi querido hermano! ¡Alá te bendiga! ¡Tuviste una idea brillante! Compraremos el barco y navegaremos por los mares.

¡Seremos ricos!

- Pero vayamos a lo que realmente importa ahora: ¡la comida! Estoy exhausto y el frío afuera me quitó la energía. Necesito tomar algo caliente - preguntó.

- Sí, sí, te serviré un poco de vino. Esto ayudará a que te calientes. ¡Vino y pan de jengibre para celebrar!

Dicho esto, Lucas abrió un pequeño armario de donde sacó el pan y la jarra de vino.

Mientras tomaban su bebida, Meliano se acercó a sus sobrinos y allí mismo trazaron los planos de la gran compra que tenían en mente. Celmo, Lucas y Meliano Robel serían propietarios de un pequeño barco. Se convertirían en comerciantes. Esperaban hacer una fortuna en poco tiempo.

Lucas, de los tres, fue quien más habló del tema. Con un profundo conocimiento del mercado, esperaba que en unos años pudieran contar con una flota de buques mercantes.

La discusión se había acalorado entre Meliano y Lucas Robel. Los planes fueron elaborados en la mente de Lucas y bosquejados en papel...

En medio de aquella entusiasta conversación, los dos hombres no advirtieron la partida de Celmo.

Allí estaba junto a la ventana, observando a lo lejos, las palmeras revoloteando, agitando sus cabellos en la noche, produciendo extrañas formas en la arena.

Las imágenes hicieron que Celmo, una vez más, recordara aquella noche lejana, en alta mar, cuando sus ojos se encontraron por primera vez con la inolvidable mirada de Sarah.

Los recuerdos danzaban uno a uno en su mente, desorganizados. Recuerdos que aun seguían atormentándolo. ¿Dónde? ¿Cuándo? ¿Por qué?

Las voces de Meliano y Lucas ya no llegaban a sus oídos; Hubo otras voces que escuchó y no pudo decir exactamente dónde estaban...

El recuerdo de esos ojos mirándolo lo torturó hasta el punto de volverlo loco. ¿Estaba alucinando, escuchando voces? Se pasó las manos por la frente, intentando ahuyentar aquella pesadilla con ese gesto.

- ¡Alá, oh! ¡Alá! Desde aquella noche que mis ojos miraron aquella figura divina, no he tenido paz, me falta tranquilidad. ¿Qué me está pasando?

Sus pensamientos vagaron. A veces tenía ganas de buscarla, de hablar con ella, pero no lo hacía. Sabía que sería imposible. Su condición de plebeyo no le permitía ni siquiera mirarla. ¿Cómo podría alimentar estas ideas?

- ¡Oh! Alá, quita de mí este tormento y déjame seguir el camino que he elegido. No puedo hacer infeliz a Sarah Camur con este amor que consume mi alma. La siento en mis sueños, siento la súplica en esos ojos. ¡Oh! Alá, siento que ella también me quiere.

Sé que debo olvidarla; ayúdame entonces. Nunca se permitiría una unión entre nosotros. ¿Puedo olvidarla? Permítelo, Alá.

Y allí entre las sombras de la fría noche, Celmo permaneció en éxtasis por mucho tiempo, olvidándose del mundo que lo rodeaba, recordando un pasado que no podía explicar.

Capítulo VI

"Em... dale..."

Regresemos a Bagdad y regresemos al palacio del Emir Ornar, el sultán. Esa mañana llamó a su presencia a Nassif, su hombre de confianza, y le ordenó que lanzara una advertencia al pueblo de Bagdad.

Ofreció una cuantiosa recompensa en oro a quien pudiera indicar el paradero de Tulí, su esclava favorita, así como a la persona que la había ayudado a escapar del harém.

En las soleadas calles de Bagdad la gente estaba agitada, cada uno tratando de descubrir en su compañero quién había traicionado al Emir Ornar.

Los más atrevidos buscaban el paradero de tanto en la montaña como en el desierto, deseosos de obtener su recompensa.

Todo inútil.

Tulí había desaparecido. No había dejado rastro. Fue como si un huracán la hubiera arrastrado de la faz de la Tierra.

Aunque todos la buscaron, no pudieron encontrarla.

Y el pueblo empezó entonces a sentir la furia del sultán.

Hombres y mujeres eran castigados injustamente por el más mínimo error. El Emir Ornar, cuyo pasado nunca había inspirado la simpatía de su pueblo por su maldad, se había convertido en un verdadero verdugo para aquellos que sufrían, en carne propia, la venganza de este hombre herido en lo más profundo de su orgullo.

Los calabozos y cárceles se llenaban cada vez más de gente inocente, que nada tenía que ver con la fuga de Tulí.

Amparada por Ornara, Tulí había cruzado el Mediterráneo y desembarcado en la pequeña isla de Centromel, escondida en el barco de Farid Camur, en el mismo viaje que llevó a Sarah de regreso a casa.

Allí podría vivir tranquilamente lejos de los ojos del sultán y donde sus leyes ya no podrían afectarla.

Ornara también se sintió libre del gobierno del emir Ornar, su tío. Llevaban en sus bolsos una pequeña fortuna que les permitiría vivir en aquella isla con cierta comodidad.

Los meses transcurrieron rápidamente y el destino volvió a reunir a aquellas almas inadaptadas y comprometidas en el escenario de la existencia terrena para ofrecerles una vez más la oportunidad del perdón y la comprensión.

Ornara se había ganado la confianza de los nobles señores de la Isla y comerciaba con ellos, lo que permitía a Tulí vivir lujosamente.

En poco tiempo habían hecho una sólida fortuna. Vivían pacíficamente y desapercibidos entre la gente de Centromel. Era su costumbre, todas las tardes, bajar la ladera de la montaña, donde tenían una rica villa, y se mezclaban con amigos para conversar y enterarse de las novedades de la isla que los había acogido.

Fue una de esas tardes cuando se enteró del trágico suceso que había acaecido a la familia Camur. Farid Camur había sido asesinado.

Lo habían encontrado muerto en una de las calles de Centromel con un puñal clavado en la espalda.

El asesinato estuvo envuelto en un velo de misterio. Su barco permaneció atracado en la costa y sus hombres estaban ahora bajo el mando de Jamil, un rico comerciante y navegante, amigo de la familia Camur. Los comentarios fueron diversos e inconsistentes. No se sabía nada con certeza sobre lo sucedido.

La familia había dado los primeros pasos, pero el crimen seguía sin resolverse. Las autoridades de la isla habían logrado poco. Farid Camur era un hombre con pocos amigos y, aunque algunos le temían, era respetado y no se sabía que tuviera enemigos.

Muchos comentaron que esta era la primera vez que regresaba a Centromel luego de entregar a su hija a su madre y que esta vez había decidido no pasar tanto tiempo en el mar. ¿Estaría dispuesto a quedarse más tiempo con su esposa, ya que estaba cansado de los continuos viajes y ahora quería dedicarse más a su familia? Se pensó que había solicitado un puesto ante las autoridades locales y que ya no saldría de Centromel de viaje.

Farid Camur era un hombre muy respetado y se le lloraba durante mucho tiempo.

Tulí se había enterado, por Ornara, que Sarah, la joven que había despertado en su corazón un terrible sentimiento de venganza mientras aun estaba en el harém, había prometido a su madre, Lamura, descubrir los motivos de tan misterioso crimen.

Su mente perversa inmediatamente ideó un plan terrible:

- Esta es mi oportunidad - se comentó la bella Tulí con sus ojos llameantes -. Esa noblecita ahora me va a pagar por los insultos que recibí. Juré hacerla mi esclava... ella se rio... se burló de mí... ¡Ah! ¡Qué pretenciosa! Hoy somos iguales... libres en esta isla... pero te esclavizaré como te prometí...

En el cerebro de Tulí se agitaron y tomaron forma mil pensamientos y planes de venganza, formando cuadros de deleite en su espíritu envuelto en la más triste de las ilusiones.

- Mataré todos tus sentimientos... La muerte de Farid me proporcionará los medios que necesito para llevar a cabo mi esperada venganza... Tú, desgraciado, por fin habrás sido útil en mi vida, me ayudarás a destruir a tu propia hija. Tu muerte fue útil... Lo que voy a planear será tan monstruoso que ella huirá horrorizada, loca de dolor. Solo entonces se vengarán las miradas despectivas que me dirigió en el harém. ¡Finalmente serás mi esclava, lo juro! Solo será cuestión de tiempo. Iré a buscarla hoy y verás, maldita sea, quién ganará esta vez...

Efectivamente, esa tarde, Tulí envió un mensajero a casa de los Camur con un mensaje para Sarah.

En el mensaje que envió, le pidió que fuera a su casa, en la ladera de la montaña; tenía algo que revelarle sobre la muerte de su padre. Lamentó lo sucedido y afirmó que enviaría un carruaje a recogerla a la hora acordada. ¡Que el secreto del encuentro se mantuviera a cualquier precio!

Sarah no tuvo dificultades para recordar el rostro de Tulí y ahora allí, con la nota en las manos, la vuelve a ver tal como la había dejado hacía casi dos años en Bagdad. En ese momento, un extraño sentimiento se apoderó de su ser.

Rápido, decide. Sí, la verá, pero ya no es por su padre, sino imbuida del deseo que la descubran y la envíen de regreso al Emir Ornar. Quiere hacerle daño... humillarla... Este extraño deseo de venganza crece en su ser, ahora agitado.

- ¡Oh! Si pudiera desterrarla de mi presencia... - exclama -, pero primero necesito asegurarme del motivo de esta nota. ¡Pero qué atrevimiento! Dice que sabe algo relacionado con la muerte de mi padre... ¿qué puede tener que decir Tulí que yo no sepa ya? ¿Qué secreto es ese que involucra la muerte de mi padre y el nombre Camur?

Sin perder tiempo, baja las escaleras que conducen al patio exterior. Abajo la espera el conductor.

Un extraño sentimiento invade su ser. Siente su corazón latiendo salvajemente dentro de su pecho como si intentara advertirle de un peligro inminente.

Tengo un presentimiento... ¡Algo que no sé definir...! Es como si fuera a perder mi libertad... Me siento atada...

Es como si mi alma estuviera aprisionada... - murmura.

Se pasa las manos frías por la frente, se ajusta nerviosamente la capa que le cubre los hombros y automáticamente vuelve la vista hacia la estrecha ventanilla del carruaje que avanza a toda velocidad por las calles. Fuera del zumbido de los pescadores se van quedando atrás y la joven intuye que está llegando a su destino.

Poco a poco la velocidad del transporte disminuye.

- Ya estamos llegando, necesito mantener la calma - piensa mientras respira profundamente tratando de calmar su espíritu atribulado -. ¡Que Alá me ayude!

Antes de hacerlo; sin embargo, mira a su alrededor y se asegura que nadie la haya seguido. Luego observa la isla de abajo, con sus barcos anclados en la playa, y una sensación de paz invade momentáneamente su corazón. La residencia que Tulí había elegido estaba en lo alto, rodeada de altas palmeras que se mecían con la fuerza del viento, creando un espectáculo agradable para cualquiera que pasara por allí.

Sarah se quedó unos instantes observando todo atentamente, sintiendo una extraña energía.

Parecería que la estaban preparando para ese encuentro. No hubo necesidad de esperar a Tulí. Un sirviente la esperaba en la entrada principal.

Sarah caminaba con orgullo. El lujo que reinaba allí recordaba a algunos de los salones del palacio del Emir Omar.

De las ventanas colgaban cortinas de tela de damasco, mezclándose con coloridos cojines de seda dispuestos sobre el blanquísimo suelo de mármol. Jarrones chinos adornaban todo el espacio, lo que sin duda demostraba el estatus que había alcanzado la propietaria.

Tulí está recostada en un cojín rojo, disfrutando tranquilamente de una copa de vino.

De repente Sarah siente una extraña y agresiva aversión hacia Tulí.

Cuando llega Sarah Camur, ella simplemente mira hacia arriba y le muestra un lugar cercano al suyo.

Sabe lo que va a hacer y anticipa el sabor de la victoria, deleitándose con esa presencia.

- ¡Quién hubiera podido predecir que un día nos encontraríamos lejos del palacio del Emir Ornar y en una situación muy diferente! - Exclama de repente -. Sí, porque ahora somos iguales, mi hermosa Sarah. Como puedes ver, ya no tengo los grilletes de la esclavitud...

- Vayamos directamente a lo que me aporta tu presencia. Vine aquí para descubrir algo relacionado con la muerte de mi padre. Entonces dime de qué se trata - preguntó enérgicamente - visiblemente molesta.

Tulí colocó el vaso en la bandeja que le había dado el sirviente y a su señal salió, cerrando la pesada puerta detrás de ella.

Luego se vuelve hacia Sarah. Había odio en sus ojos.

- Bueno, vayamos al grano. Pero primero hablaré de tu padre, de las cosas que nos hizo a nosotros, pobres víctimas esclavizadas por sus manos.

- Eso no me interesa - dijo Sarah -. No vine aquí para descubrir el pasado de Farid Camur. Si lo hacía, era su trabajo. ¿Cuántos marineros comercian con mujeres? - Responde con desdén.

- Podrías ser una esclava... - insinúa Tulí mirándola de arriba a abajo -. Con esta belleza...

- ¡Basta, Tulí! - Interviene Sarah, irritada -. ¡Veo que no tenías nada que decirme!

Y levantándose, se dispone a salir de la residencia de la ex esclava, pero ella interviene astutamente:

- ¡Por Alá! Realmente necesito decírtelo... No quería hacerte daño - continúa con fingida emoción - con esta revelación... ¡pero siento que ya no puedo guardar este secreto! - Y siguiendo simulando un sentimiento que no tenía, continúa -. Sarah, esa noche, la noche del crimen de tu padre, regresaba de una fiesta con Ornara... ¡Oh! Es horrible... tuvimos miedo y nos quedamos calladas... pero hoy...

Sarah, debo decirlo, fuimos testigos del crimen, creo que somos los únicos testigos de esa fatídica noche.

- ¿Qué me estás diciendo? ¿Por qué no hablaste antes?

Tulí se alegra ante la expresión de asombro que aparece en el rostro de la otra.

- Solo por una razón - dice Tulí con los ojos fijos en los de Sarah -. Sentí pena por la situación en la que estarías si yo...

Sara se levanta y sosteniendo a Tulí por los hombros ordena imperiosamente:

- Explícate una vez. No me gustan los chistes...

Tulí hace un gesto amplio con las manos y soltando a Sarah continúa:

- Bueno, si hablara, el nombre de los Camur se arruinaría y tú sufrirías mucho y no quiero que eso pase... estaba dispuesto a permanecer en silencio por los siglos de los siglos, pero Ornara... bueno, pensó que se aprovecharía de la situación... de tu madre...

Un escalofrío recorre el cuerpo de Sarah.

Tulí quiere saborear cada segundo de esa venganza y luego continúa, lentamente, prestando atención a cada detalle en los ojos de la joven.

- Pensé que debería seguir adelante y advertirte. Quién sabe, tal vez lleguemos a un acuerdo - dice Tulí cínicamente.

- No entiendo, no entiendo... ¿quieres volverme loca? - Exclama dejando caer los brazos a los costados.

Después de unos segundos premeditados, Tulí finalmente habla:

- ¡Ornara vio cuando Lamura enterró la daga en la espalda de tu padre y quiere delatarla, a menos que le paguen por su silencio! - grita Tulí histéricamente -. ¿Lo entiendes, Sara, lo entiendes?

La joven, de un salto, agarra a Tulí por los hombros, sacudiéndola frenéticamente mientras repite:

- Mentirosa, mentirosa, eres mentirosa, víbora e infeliz... ¿Mi madre? Mi madre, no, no... ¡es mentira! No lo puedo creer - exclama desconcertada -. ¡Demuestra que es verdad o te estrangularé ahora mismo, lo juro, lo juro por Alá, te mataré!

Por un instante Tulí tuvo miedo de aquella criatura que gritaba frente a ella, aferrándose a su cuerpo, sacudiéndola violentamente y pensó en retirarse.

- Suéltame, Sarah - grito enérgicamente -. No seas tonta, ¿no te das cuenta que así no conseguiremos nada? No puedo probar nada, ya lo dije. ¡Somos las únicas testigos de esa horrible noche! - y continuó haciendo una pausa después de asegurarse que Sarah se había rendido.

Ornara pensó en hablar con Lamura y exigirle un alto precio por su silencio... pero... ¿por qué no dejamos en paz a Lamura? - Y, con maldad premeditada, continuó -, puedes liberar a tu madre de la terrible situación en la que se encuentra - murmura como si compartiera su dolor con Sarah -, diciéndole lo que sabemos que la estaría matando. ¿Cómo podría seguir viviendo sabiendo que en cualquier momento la podrían denunciar? ¡Oh! Se atormentaría por el resto de sus días... - exclama Tulí, colocando sus manos en su pecho, forjando una fuerte emoción.

- No, no... - la joven estalla en llanto -. No lo puedo creer... digo que es mentira, que todo fue solo un malentendido. Por Alá, di que es mentira...

- No puedo... - repite Tulí, mientras observa con satisfacción el cuadro que tiene delante -. Lo que te dije es la verdad, y Lamura pagará el silencio de Ornara...

¡Oh! Los designios de Dios. Justo y sabio. Sarah había entrado a la casa de Tulí con la firme intención de lastimarla y humillarla; ahora; sin embargo, se sentía infeliz y lamentaba amargamente haber buscado aquella mujer que, sin piedad, acusó a su madre.

No sabía si todo eso era cierto, pero tenía el presentimiento que Tulí podría lastimarla...

¿Podría Lamura ser un asesino? ¡Oh! No podría admitir esta monstruosidad, pero pagaría cualquier precio que Tulí exigiera. Lamura no sufriría, no permitiría que esto sucediera.

Se sentía capaz de cualquier sacrificio por la mujer que le había dado la vida y que ya había sufrido mucho... Sarah seguía allí, sollozando, incapaz de reprimir las lágrimas que inundaban su alma.

- Tienes lo que siempre quisiste... libertad. Por piedad, déjanos en paz... No sabes los motivos que llevaron a mi madre a... ¡oh! Es desesperante pensar que... olvida lo que viste... - suplicó Sarah -. Alá te recompensará... mi madre es un alma buena... ella no lo haría, mi madre no...

Tulí estaba encantada. Y en su pecho su corazón latía salvajemente. Apenas pudo contener la risa de satisfacción que apareció en sus maquiavélicos labios.

- Si no quieres que ella sufra... compra mi silencio -. Lo había hecho, por fin lo había hecho, piensa.

Sara no responde. Automáticamente toma el manto y encuentra la salida.

En cuanto se encuentra solo, Tulí deja caer la máscara que llevaba en presencia de la joven y dando vueltas por la inmensa sala revestida de frío mármol, grita:

- ¡Ahora me he vengado, Sarah Camur! ¡Serás mi esclava! Esclava de mis deseos. Estás a mis pies y serás mi esclava mientras dure tu existencia. Una risa nerviosa, una mezcla de victoria y locura resuena por toda la sala.

Sí, Tulí mintió. Miente para que su venganza sea completa, para que Sarah Camur quede a merced de sus manos, para que su dolor sea infinito. Ella fue vengada. Pero ¿cuánto tiempo más se complicaría su espíritu?

Capítulo VII

"En la calma... dolor y miedo..."

Sarah prescindió de conducir cerca de la playa. Quería estar sola, pensar en todo lo que le habían dicho y en todos los acontecimientos en casa de Tulí. No podía creer nada de lo que ella le decía. Lo que había oído era demasiado monstruoso, ¡pero Tulí lo dijo con tanta convicción! No podía admitir... ¿Lamura era una asesina?

¡No era posible! Sintió que su madre amaba a su padre... ¿por qué Lamura lo mataría? No, no había encontrado sentido a las palabras de Tulí, pero ¿y si realmente fuera cierto... si realmente Lamura hubiera asesinado a su padre?

- No, no podía permitir que la vida de Lamura sea nuevamente destruida por manos despiadadas... - piensa mientras se dirige hacia un barco pesquero que se encontraba cerca de unos arbustos. Mira a su alrededor, asegurándose que no hay nadie más en la playa excepto las gaviotas que sobrevuelan el mar en delicados movimientos sobre las olas, que bañan constantemente sus pies ahora descalzos.

- Aquí estaré mejor - piensa mientras se acerca al barco -. Alá me ayudará a tomar una decisión con seguridad.

En sus pensamientos revisita la figura de su madre y recuerda el sufrimiento que ella pasó durante tantos años de su ausencia... Recuerda a Abraham Salus y sus pensamientos vuelan hacia el momento feliz que vivió a su lado. Sintió que sería así. Desde el momento en que dejó a su buen amigo, había tenido un sentimiento extraño en ella.

Abraham siempre le habló de perdón... de no guardar rencores... pero ¿cómo no odiar a quienes le hacen la vida infeliz? ¿Cómo no odiar a Farid Camur si él fue el causante de toda esta desgracia? Solo él hizo sufrir a Lamura. Fue por él que la alejaron de él... ¿Por qué no odiarlo, por qué no querer que su alma se hunda en los abismos más profundos...?

¡Oh! ¡Si Farid Camur no se hubiera equivocado...! Hoy Tulí no estaría en nuestro camino... Sé que todo es mentira... pero ¿y si lo que dijo con tanta certeza fuera verdad? ¡Oh! Ni así podría odiar a Lamura, ni así...

Sí, pagaré lo que ella quiera siempre y cuando le evite este disgusto a mi madre. Y calumnia, siento. Es la venganza de Tulí contra Farid Camur, sé que es así, pero ¿por qué tengo que pagar por sus errores? Tulí me odia, lo sentí desde el primer momento que la vi.

Ella siempre estaba mirándome, mirándome con esos ojos enojados, envidiando mi libertad. ¿Por qué? ¿Por qué soy hija de su verdugo?

¡Oh! ¿Por qué no se quedó en Bagdad en su lugar? ¡Maldita Tulí! ¿Qué viniste a hacer en esta isla donde pensé que encontraría tranquilidad junto a los míos?

¡Sí, quién hubiera imaginado a Tulí, la esclava del Emir Ornar, libre, libre en las calles de Centromel! Quizás vino buscando a Farid Camur...

Tal vez tu venganza fue por él... pero ya no existe... está muerto. Pagaré por el crimen de esclavizarla, pero por mi madre no. Le juro que nunca sabrá quién es Tulí y qué hace en esta isla. ¡Que irónico! Siento que seré esclava en sus manos, Tulí, una palabra tuya, un gesto tuyo y Sarah Camur caerá a tus pies suplicándote clemencia para la que dio su vida no sucumba en la vergüenza ¡ante tan infame calumnia! ¿Y cuánto durará tu venganza? Tu precio no será solo uno, lo sé, serán muchos favores que me pedirás... Los pagaré, los pagaré hasta que mis fuerzas me lo permitan, entonces... entonces...

Cierra los ojos, abrumada por el dolor que le provocan esas reflexiones que sabe que son ciertas. De repente, un bálsamo calmante de energías magnéticas desciende lentamente hasta ella.

Un aroma a flores penetra por sus fosas nasales, adormeciendo su corazón dolorido mientras sus brazos caen libremente, vencidos por ese agradable letargo que invade su cuerpo.

El batir de las olas llegó ahora a sus oídos y desde muy lejos trajo consigo, tal vez desde el fondo del océano, una voz, tranquila y dulce, que poco a poco penetró en su pensamiento, haciéndose oír con claridad:

- "Sé fuerte en la adversidad, querida hija, nadie está solo en el mundo... Prepárate para mostrar a Alá tu reconocimiento por aquella que te dio la vida y con la que puedes redimir tus dolorosas deudas.

No lo dudes ahora, demuestra tu sabiduría buscando dentro de ti lo más sabio que Abraham Salus supo enseñarte. La fuerza moral para derrotar a tus enemigos. Siempre perdonas bajo cualquier circunstancia. No dejes que la espina de la duda penetre en tu corazón. Alá te llama al deber.

Acude a él, sí, pero con el alma sublimada y el corazón libre del veneno del mal. Sobre todo, olvida las cosas que te hicieron. Vuelve, Sarah, vuelve a los tuyos con el corazón limpio de ese odio que ahora grita tu alma. Vuelve, Sarah, y perdona, perdona siempre..."

- No - debatió Sarah en ese aturdimiento -. No puedo perdonar. Es imposible. Farid estranguló los sueños más bellos de mi existencia. Cuando tuvo la oportunidad de rescatar mi amor, ¿qué hizo? Ni siquiera me dijo una palabra de cariño... y esperaba tanto de ese desconocido... tenía el perdón en mis labios, pero... la frialdad con la que me trató volvió a abrir la herida en mi corazón.... No, no puedo perdonar. Mi corazón habría aceptado el cariño de mi padre si él también tuviera amor para ofrecerme... Perdonar... olvidar... No, no puedo. Él sigue siendo la causa de mis problemas. Él sigue siendo quien nos sigue persiguiendo incluso desde donde está... ¡Oh! No sé qué decir, todavía escucho el grito de Tulí diciendo que Lamura es una asesina... ¿Cómo, cómo puedo perdonar?

Poco a poco, ese sentimiento extraño y a la vez muy reparador que envolvía todo su ser se disipa y Sarah abre los ojos suavemente, guardando aun en su espíritu aquellas palabras que había escuchado y que su alma se resistía a comprender.

Podía ver las aguas que se agitaban frente a él y se perdían en la distancia...

- ¡Oh! ¡Alá, desearía ser como antes! - Murmura entre lágrimas -, paz, Alá, quiero la paz que ya no tengo... quiero la felicidad que creía no conocer. ¡Oh! Alá, en mi exilio, cuántas veces blasfemé contra mi destino... cuántas veces te recé para que restablecieras a mi familia que me fue robada... Ayúdame... Fui feliz, incluso en medio de la hostilidad de Fáuzia, ¡me sentí feliz!

Siento que necesito ayudar a Lamura... tal vez para mí todavía haya un poco de felicidad en algún lugar del mundo, pero para ella...

Me esperó durante 17 años, sufrió resignada porque sabía que un día yo regresaría y compensaría sus tormentos. Sí, Alá, compensaré a mi pobre madre aunque tenga que mentir... aunque tenga que destruir mi vida... la liberaré de las garras de Tulí...

Perdida en sus pensamientos, vuelve a mirar al lugar donde ella se encontraba, como si lo vieras por primera vez. Mira el mar... las montañas más allá... el barco que le sirvió de refugio... y una nueva sensación de consuelo invade su ser. Sarah siente de repente en su corazón la paz que tanto había pedido. Se levanta y camina sobre la arena mojada sintiendo el fervor de la noche acogedora: Luego observa la inscripción en el barco que tiene delante. Aquel barco pertenecía a Robel, y rápidamente un pensamiento cruzó por su mente:

- Si pudiera volver a encontrarme con esos ojos negros, sería más feliz... - consolada por este pensamiento, camina alrededor del barco, observándolo atentamente. Absorta, no advierte la presencia de una figura envuelta en la oscuridad de la noche.

Era Celmo Robel quien inspeccionaba el barco, como tenía por costumbre todas las noches.

Cuando nota la presencia del muchacho quiere huir, esconderse. Ella se siente avergonzada, pero él ya ha notado su presencia y viene a su encuentro como si la estuviera esperando desde hacía mucho tiempo...

No e dice nada. Él la mira profundamente a los ojos y las palabras se vuelven innecesarias en ese momento.

Él toma sus manos con ternura y la conduce por la playa, en silencio, tratando de reprimir en su pecho toda la emoción que le provocó el reencuentro.

Sarah se dejó llevar en silencio, sintiendo la brisa nocturna mecer su cabello negro y experimentando una profunda alegría apoderarse de su corazón que tanto sufría.

Capítulo VIII

"Los diseños de los bienes..."

"Dios puso al hombre en la Tierra para, a través del trabajo, el estudio y la renuncia, ascender a mundos superiores. Con cada nueva existencia el espíritu avanza por el camino del progreso. La vida le fue entregada como prueba o expiación, pero de él depende aliviar sus males y ser lo más feliz que pueda en la Tierra."

Allan Kardec

¿Cuántas veces las criaturas terrenales de hoy han buscado en la oración el recurso para continuar la lucha? Así fue y será siempre...

La oración consuela el alma, eleva al hombre a seres superiores y, si no tiene poder para aliviar inmediatamente las aflicciones, sublima el espíritu, preparándolo para la lucha. Sarah había pedido con el corazón puesto a los pies de Alá y había obtenido el coraje que necesitaba para seguir adelante, en lo que creía que era su deber.

Ahora, con los ojos claros suavizados por la esperanza que le había despertado el encuentro con Celmo, se siente con fuerzas para enfrentarse al enemigo del pasado.

Para nosotros en el mundo invisible, que conocíamos el tiempo pasado de esas dos almas, fue una oportunidad más concedida para que a través de ese enfoque redimieran sus almas...

Las fricciones habían comenzado en la lejana Bagdad, cuando ambos se enfrentaron por primera vez.

Ahora les tocaba a ellos estimarse a sí mismos.

La fuga de Tulí había provocado la ira del Emir Ornar y había arruinado toda su vida.

Si Tulí supo sufrir la marca de la esclavitud... si Ornara supo ganarse el corazón de su tío... si tuvo refugio en su corazón el amor y no la ambición, la vanidad, el orgullo y el amor desmedido por las cosas efímeras de la vida... todo sería diferente.

A todos les faltaba orientación, fe y esperanza para el futuro.

Se culpó a sus espíritus por lo que hicieron y por lo que podrían haber hecho.

Unidos nuevamente en las luchas terrenales, podrían haber perdonado mucho y haber amado mucho. Vamos a ver:

Farid Camur, comerciante de mujeres para el harém del sultán, espíritu inquieto, cuya belleza fascinaba a las mujeres y al mismo tiempo destruía vidas...

Tulí, la favorita del sultán, de cuyos labios goteaba veneno...

Fáuzia, la princesa que no tenía supo amar a la pequeña Sarah, cuya personalidad no estaba definida y que tanto necesitaba las manos caritativas de una madre desinteresada para ayudarla...

Tulí y Sarah... ambas envueltas en una amarga trama provocada por sus pasiones. La primera, impulsado por la venganza; la segunda, a través del odio, arroja sus almas al abismo más profundo.

Una maraña de malentendidos rodea a las dos mujeres. Las entidades perversas, atraídas por ellos en esa red de pensamientos contradictorios, se alegran. Fisonomías monstruosas y mentes enfermas revelan sustancias negras y fétidas que circulan a su alrededor.

Como buitres volando sobre los restos, entidades malévolas vibraban en perfecta sintonía mental con aquellas dos almas que, aunque distantes, estaban entrelazadas. A ambas se les dio conocimiento. En sus espíritus, a través de sus propias acciones, los conocimientos necesarios que necesitaban para la evolución que los llevaría a la verdadera felicidad.

Por eso el Maestro nos recomendó orar y a estar atentos, ya que el pensamiento es una puerta abierta a las malas influencias cuando nos desviamos del camino del bien. Para Tulí y Sarah, ahora enredadas en las redes de vibraciones inferiores, el odio se fortaleció y encontró un hogar en sus corazones.

Tulí ahora sonreía irónicamente. Sus ojos brillaban al observar la figura de Sarah frente a ella en ese momento. Sarah había abierto el pañuelo que llevaba debajo de su capa y había depositado su contenido en una mesa pequeña.

Los ojos de Tulí recorrieron los objetos brillantes.

- Es todo lo que tengo - dice, mirando al ex esclava.

Tulí examina atentamente los objetos. La pulsera persa, los anillos orientales, las piedras preciosas de la India, el jarrón de oro puro...

Su corazón salta de alegría. ¡Después de todo, había ganado! Y como había prometido, la hija de Farid Camur era ahora su esclava. Retira uno de los anillos. Inténtalo. Y otro, otro más... collares, pulseras, tiaras...

Sarah observa, con los ojos nublados por las lágrimas, que repele valientemente.

- ¿Esto es todo? - Pregunta Tulí, desechando las joyas con desdén.

- No tengo nada más - comenta la joven, con la voz ahogada por el rencor que carcomía todo su ser.

- Sabré esperar... - responde.

- Ya no tengo nada, Tulí. ¿No entiendes? Lo que traje conmigo hoy representa todo lo que tengo. Estas son todas mis joyas, valen una fortuna, son objetos valiosos en oro puro, ¿qué más quieres?

Tulí recoge las joyas una a una mientras dice:

- Bueno, seré condescendiente. Por ahora esto será suficiente. Ahora puedes irte – dice señalando la puerta.

Afuera, la noche había descendido su manto negro sobre Centromel.

Por todas partes hay un olor a flores. Pequeñas estrellas salpican el cielo. Sarah ahora camina en silencio y su corazón sangra de humillación y tristeza.

Sabía que nunca volvería a tener paz, porque en cualquier momento ella reaparecería exigiendo cada vez más.

Para ella ya no existía la posibilidad de la felicidad. Tulí nunca la dejaría libre.

Entonces ganó.

Capítulo IX

"Momentos de felicidad..."

Seguida de cerca por el sirviente al que creía de total confianza, Sarah Camur camina todas las tardes hacia la playa.

Se había acostumbrado a esos encuentros con el joven Celmo, su amado, con Saula, la criada, como único testigo.

Sarah espera una oportunidad para decirle a su madre que ha encontrado su verdadero amor.

Solo espera que ella se recupere del shock sufrido por la trágica pérdida de Farid.

Sabe; sin embargo, que ese amor no será aceptado por su familia, pues Lamura ya le había asignado un marido, como era costumbre entre las familias nobles. El elegido fue el sobrino de Farid Camur, Nail, con quien mantenía una profunda amistad.

Pero, en el fondo, ni siquiera piensa por un momento en renunciar a ese maravilloso sueño, junto a Celmo, el hombre que ama. Siente que solo a su lado encontrará la paz que tanto desea.

Sin embargo, no tuvo la fortuna que le hiciera merecedor del consentimiento de Lamura Camur.

Le había pedido a Celmo que esperara. Quería decírselo ella misma a su madre. Quería encontrar una manera de convencerla que era digno de su amor y el respeto de su familia.

- ¡Oh! Celmo, lo único que quiero es vivir a tu lado. Solo tú puedes satisfacer todas mis ambiciones. Siento que es a tu lado que debo vivir. En tu compañía está mi tranquilidad, la paz que tanto busco. ¡Seré feliz, sí! - piensa mientras camina hacia él -. Y cuando cada mañana, el sol viene a besar nuestra ventana y la brisa de la mañana acaricia suavemente mi cabello... ¡Ah! Celmo, elevaré una oración a Alá por toda la felicidad que sentiré entonces... Solo esperaré unos días más, entonces...

Pasaron los días y una tarde fue a ver a su madre para el ansiado entendimiento.

En cuanto se tranquiliza, inquieta y aprensiva por escuchar lo que su hija tenía tan importante que decirle, Sarah le cuenta su romance con Celmo Robel. De repente, Lamura corta con autoridad sus palabras.

- Sé de qué se trata esto. La imprudencia y la confianza excesiva que pusiste en nuestra sirviente fueron tu perdición, Sarah. Doy gracias a Alá por tu ingenuidad, confiando secretos a quienes nos sirven, porque solo entonces tomé conciencia de tu comportamiento vergonzoso...

Sarah no podía creer las palabras de su madre. ¿Qué está pasando?

- No hice nada malo - exclama - ¡No merezco que me censuren así!

- ¿Hiciste algo malo? ¿A qué te refieres con dignidad? ¿Respetaste el nombre que llevas al ver a ese hombre? ¡Oh! Sara, ¡no lo puedo creer! Si no fuera por ti para iniciar este asunto, no creo que hubiera tenido el coraje de hacerlo. Lo sabía desde hacía mucho tiempo, pero creía que era una infamia contra ti. ¡Oh! Sara, Sara - Lamura se cubre el rostro con las manos mientras suelta un torrente de frases que humillan y hieren a la joven cuyo único pecado fue haberle ocultado ese secreto.

Sus pensamientos estaban confusos. ¿No había sido ella quien había impedido que el nombre de los Camur fuera arrastrado por el barro? No había salvado a Lamura de las garras de Tulí, pagando con oro su silencio? Sí, Lamura no sabía nada, pero sentía que, para su madre, su felicidad no importaba, solo el nombre Camur era lo más importante...

Y Lamura continuó. Nunca permitiría tal unión. Si fuera necesario, enviaría a Sarah de regreso a Bagdad, ¡pero nunca daría su consentimiento!

La joven, sin embargo, estaba dispuesta a no ceder. Ya había sufrido mucho. En toda su vida nunca había sentido el calor de un afecto sincero. Vivió exiliada de todos. No, no se rendiría. Nadie le arrancaría ese sueño del pecho.

- Tu caso es desesperado - continuó Lamura, visiblemente molesta -. Tú que fuiste criada por Abraham Salus, bajo el régimen del Emir Ornar... La vergüenza entró en nuestra familia, traída por tu desvergüenza. Deberías haberte quedado con Abraham Salus para siempre, así nos habrías ahorrado esta humillación - exclamó salvajemente.

La joven sollozó amargamente, sin valor para responder. Entonces comprendió que Lamura nunca se rendiría. ¿Dónde estaba el entendimiento que creía existir en aquella que le dio su ser? No esperaba que su madre le diera su consentimiento inmediato, pero esperaba un poco de comprensión. Esperaba palabras amables que la consolaran y, quién sabe, con el tiempo, ella misma acabaría por comprender la gran barrera que la separaba de Celmo Robel.

Alma rebelde que siempre ha estado en medio de tantos malentendidos, acusada, herida en lo más profundo de su ser, jura no ceder a los caprichos de Lamura.

Se retira sollozando a su habitación mientras Lamura se queda mucho tiempo pensando en toda esa escena que la había conmovido profundamente. No podía permitir que su hija se entregara a un destino que seguramente la conduciría a un sufrimiento mayor.

A través de la vehemente afirmación de Sarah que nada la alejaría de Celmo, Lamura está dispuesta a apartar definitivamente al joven del camino de su hija.

Informada por la criada sobre cómo vivía Celmo Robel, ella inmediatamente puso en práctica lo que pensó que sería mejor para ambos. Esa misma noche le escribió una carta al joven en nombre de Sarah.

En la carta explicaba los motivos por los que dejaría de verlo. Dijo que no había tenido el valor de contarle a su madre sobre ese romance, que en realidad fue solo otro capricho suyo. También le pidió que no la buscara más.

Segura que el muchacho nunca sospecharía, ordenó al sirviente que le entregara la carta inmediatamente.

Tal como había predicho, el joven cayó en la trampa. Saula, la criada, había sido su compañera en los paseos que hacían todas las tardes y por eso Celmo no tenía dudas sobre la veracidad de la carta de Sarah Camur. El joven no podía creer lo que había leído. Lo que estaba pasando le parecía imposible. ¿Cómo podía creer las palabras pronunciadas tan dulcemente por Sarah, cuando decía que solo a su lado se sentía feliz? ¿Cómo había logrado fingir durante tanto tiempo?

Automáticamente se llevó las manos al pecho y arrancó el medallón que ella le había colocado alrededor del cuello la última tarde que estuvieron juntos.

Le pareció oír todavía su voz que le decía:

- Es tuyo hasta el día que dejes de amarme. Yo soy la que estará en ti. No es solo un regalo... Es mi alma la que te entrego.

Y como esas palabras se habían hundido profundamente en su alma, ahora su pecho ardía por la traición. Quería arrancarle todos los sentimientos que tenía por ella...

Extendió la mano al sirviente y le entregó el medallón.

Un extraño sentimiento despertó en su ser en el momento en que la sirvienta tomó el objeto en sus manos. Se sintió como si estuviera desnudo. Su corazón estaba vacío de sentimientos. Luego, sin decir nada, se alejó hacia la playa.

Saula vio la figura del joven desaparecer en la distancia. Se sentía culpable por todo, pero necesitaba habérselo contado a la señora Camur.

- "Ahora mi señora ya no tiene de qué preocuparse – pensó –. Pobre orgullo tonto, que paraliza las almas de las criaturas, conduciéndolas a las profundidades de un negro abismo."

Si no fuera por el excesivo celo de Lamura por el nombre Camur, Sarah no habría caído en la oscuridad que le provocó años de sufrimiento y angustia.

Si Lamura hubiera tratado con amabilidad a aquella alma rebelde, ofreciéndole cariño y comprensión, tal vez los acontecimientos hubieran tomado un rumbo diferente.

¡Oh! orgullo... En el equilibrio divino todos somos iguales, solo la pureza de sentimientos y la humildad destacan ante los ojos del Señor.

¡Lamura había despreciado a Celmo por su origen, cuando entre líneas del destino estaba escrito que ella debía desearlo y, juntos, a través del amor, equilibrar el alma rebelde de Sarah!

La sirviente regresó con la noticia. El plan había funcionado, ahí estaba la prueba. El medallón con la insignia de Camur estampada en oro.

- Esto me da otra idea - exclama Lamura tras unos momentos de reflexión con la joya en las manos -. Convenceré a Sarah que él ya no la quiere, lo cual es realmente más importante en este momento.

Después de despedir a la sirviente, ésta cae sobre la cama. Su corazón estaba destrozado.

Todo lo que hizo fue pensando en nuestro bien. No podía permitir que esta tontería nos arrastrara por el barro... y luego... tengo planes para su futuro... planes que no dejaré de cumplir... ahora, necesito pensar en cómo escribir una carta. Una carta que pondrá fin a todas las ilusiones de Sarah sobre este hombre...

Capítulo X

"Después de unos meses..."

A la luz plateada de la luna, los Camur conversaban animadamente en la gran terraza, decorada con vides de las más variadas calidades. El embriagador perfume de las flores del inmenso jardín-parque llegaba hasta allí llevado por la brisa nocturna.

Entre la familia reunida había un visitante. Jamil, un rico comerciante mediterráneo que había gozado durante mucho tiempo de la estima y la amistad de los Camur y que, además de ser un fiel amigo de Farid Camur, era ahora el hombre que dirigía el negocio familiar, ofreciendo a Lamura su apoyo y admiración. De vez en cuando regresaba a Centromel trayendo subsidios. La flota de barcos Camur continuó navegando por los mares, pero el comercio ahora se limitaba a especias y tejidos. Nail también comandaba una pequeña flota en la costa mediterránea, propiedad de su familia, y Lamura deseaba su unión con Sarah.

Nail era un hombre de mediana estatura, erguido y sorprendentemente guapo. Su tez oscura estaba enmarcada por un vasto y ondulado cabello negro que siempre llevaba recogido en la nuca, resaltando aun más su rostro y sus grandes y dulces ojos.

El sobrino de Lamura se había unido a ellos y la conversación fue animada.

Habían pasado algunos meses desde aquel suceso, pero Sarah aun no se había recuperado del golpe que sufrió. Se consumía día tras día, aislada en sus habitaciones. No permitió que nadie estuviera presente. Los insistentes pedidos de Selma, su hermana, para que saliera a buscar el Sol a los jardines habían sido inútiles.

Incluso rechazó la presencia de su hermana. Quería estar soledad, revivir todo lo que le había pasado. Sentía como si todo fuera solo una pesadilla. A veces tenía la impresión de vivir todavía en compañía de Abraham Salus. ¡Oh! ¡Qué ingrata había sido la vida para ella! - Pensó insistentemente. En medio de un sueño inquieto, se despertaba en medio de la noche preguntándose por qué estaba sucediendo todo esto.

Qué tonta había sido al creer en Celmo, en su amor que entonces parecía eterno... pero había una prueba de su desamor: el medallón.

Permanecía constantemente con la carta en las manos, releyendo a cada momento aquellas palabras que habían destruido su amor propio y sus más preciadas ilusiones.

En la carta, escrita por Lamura en nombre de Celmo, le decía que todo era solo una gran apuesta entre amigos, ya que dudaban que él, Celmo, un simple marinero, pudiera atraer la atención de una aristócrata y hacerla sentir bienvenida, enamorarse perdidamente.

Por tanto, le devolvía el medallón, prueba que había demostrado a sus amigos lo capaz que era.

¡Oh! Sarah, no quería creerlo. Su primera reacción fue negarlo, pero la carta estaba ahí y las palabras de Celmo le dolieron.

Fue él quien le había dado la alegría de vivir, inmediatamente después de la desgracia que la había azotado en casa de Tulí. Fue a su lado que había vuelto a encontrar la serenidad que tanto necesitaba.

Sarah; sin embargo, no podía odiarlo. Se sentía triste y desencantada. Todo ahora se convertía en un gran vacío en su vida. Ya no le dedicaba ternura y cariño a su madre como antes. Algo extraño había sucedido y ahora Lamura la trataba con dureza. ¿Dónde estaba la bondad de antaño?

Sarah estaba sufriendo injustamente. No había pecado ni había manchado el nombre de Camur, simplemente había amado.

En ese momento todos hablaban, ajenos a su dolor.

Sola, recostada en un sillón de la pequeña habitación contigua a sus habitaciones, revive todas las escenas que vivió al lado de su amado hombre, sin importarle las lágrimas que caen de sus ojos.

De repente, un ruido la hizo darse la vuelta. Es Nail.

El joven se siente desolado al verla tan abatida.

- No te preocupes por mí - le dice –. Estoy bien.

Nail se sienta a su lado y comienza a hablar con frases sueltas que la distraen un poco. Nail le cuenta sobre su último viaje y nota que poco a poco el rostro de la joven comienza a cambiar y que sus ojos muestran interés por la relajada conversación.

En un momento, en medio de la conversación, se dirige a su prima, con una marcada dulzura en su voz.

- Sarah, sé que es el deseo de nuestras familias que nos unamos a través del matrimonio...

- No hablemos de eso ahora, Nail - pregunta con dulzura.

- Necesitamos hablar, de lo contrario nunca nos entenderemos. Hablando y abriendo nuestro corazón podemos encontrar una decisión favorable para ambos.

- ¿No está ya todo esto arreglado?

- Entre nuestras familias, sí - responde Nail con un poco de amargura en su voz –. Pero entre nosotros, no. No debemos permitir que solo el interés impulse esta unión: ¡Ahí está el corazón, Sarah!

- Sí, ahí está el corazón - responde la joven con una nube de tristeza en los ojos –. Pero éste no se lo dice a mi madre. Solo le interesan los títulos de nobleza... ¡Pero no puedo unirme a ti, no puedo! - exclama en un ataque de desesperación.

Nail toma las manos de la joven entre las suyas.

- ¡Cálmate, mi querida niña! No te haré daño... ¡Quiero mucho bien para ti! El tiempo será nuestro mejor aliado y te acercará a mí, sabré esperar. Hasta entonces, seamos buenos amigos.

- ¡Gracias Nail por tu comprensión! Sí, seremos amigos y que Alá bendiga nuestra amistad.

Al salir de las habitaciones de Sarah, Nail baja apresuradamente y va a encontrarse con su tía que lo espera en la terraza. Jamil se había ido y Lamura meditaba, con los ojos entrecerrados, disfrutando de la paz que traía la llegada de la noche.

Nail se sienta a tu lado y pasa sus dedos por tu cabello.

- Sigues siendo muy hermosa, tía mía, y me sorprende que aun no hayas encontrado prometido - bromeó el chico.

- Bueno, bueno, ¿qué te parece muchacho, ya tengo edad para ser abuela y ahora me voy a preocupar por un prometido? Sí, deberías casarte. Sabes cuánto anhelábamos tu difunto tío y yo esta unión con Sarah. ¿Que te falta? ¿No la amas lo suficiente como para convertirla en tu esposa? Sabes que solo entonces podré morir en paz.

- Hablas de la muerte como si intuyeras una tragedia, tía mía. Sabes cuánto deseo y cuánto aprecio a Sarah.

- Entonces, ¿qué te hace retrasar el compromiso? Ven a visitarnos seguido y poco a poco aprenderá a quererte. El resto es fácil. Tienes belleza y juventud. Eres un Hércules perfecto. Agradarías a muchas mujeres de nuestra raza. Tu anciano padre también deseaba esta unión con nuestra primogénita, que así fortalecería los lazos de amistad entre nuestras familias.

El niño escucha taciturno a su tía. La idea era distante. ¿Por qué le vienen a la mente escenas del pasado hace tanto tiempo?

Extraño es el destino de las criaturas. ¿Por qué recordaría ahora algo tan fuera de discusión?

Su pensamiento vaga hacia el pasado y recuerda el día en que entró por primera vez en el palacio del emir Ornar, acompañado por Farid Camur, para asistir a una fiesta ofrecida por el sultán a unos invitados importantes.

Recuerda, entonces, las palabras de tu tío cuando se dirigía a palacio:

- Hoy verás el baile de joyas orientales más hermoso para el sultán. Pero no te atrevas a mirarla, muchacho; ¡Esto podría costarte la vida! Y su tío le dio una palmada en la espalda, riendo a carcajadas.

Ahora recordaba su entrada en palacio, mirando todo con admiración. Aquellas sólidas columnas en medio del inmenso salón le daban la impresión de vivir en el cuento de las mil una noches. Era el palacio del sultán. Se distribuyeron almohadas de colores por toda la habitación. Justo en la entrada, una enorme mesa casi hasta el suelo, cubierta con delicias, frutas, vinos y maravillosos arreglos florales, una suave música llenaba todo el ambiente.

Lamura había dejado de hablar. Observa al joven que permanece distante, tenía una expresión pesada, como si pensamientos oscuros lo llevaran muy lejos.

Él respira profundamente y cierra los ojos. Deja que los recuerdos tristes llenen tu mente.

Vuelve a ver a Sarah como una niña pequeña, cuando el cruel sultán la arrancó de sus brazos, que no le había dejado otra opción: "O la niña o la cabeza de Farid, su marido." Eso había sido demasiado monstruoso, pero había que tomar esa decisión. Sarah volvería a su vida 17 años después. Si eso no sucedía, Farid sería asesinado y su cabeza quedaría expuesta en una plaza pública para que sirviera de ejemplo, si no entregaba a su hija recién nacida.

La elección estaba hecha. Ella le había perdonado a su marido, pero ¿cuántas lágrimas le había costado tan grande sacrificio? Ni siquiera ella podía decirlo. El dolor que sintió en el pecho al ver partir a su hija, las pesadillas que había tenido a lo largo de su vida, todo estaba ahí, almacenado en su corazón, marcando sus días con una amargura indescriptible.

Poco después nació Selma, aliviando un poco su dolor. Ahora, allí, con los ojos cerrados, todavía pensaba en lo ingrato que había sido el destino para ella. Le había robado a su hija, y cuando la devolvieron, ella era una extraña a la que había hecho todo lo posible por amar...

Ahora desearía que Sarah nunca hubiera regresado, porque se sintió humillada por lo que consideraba una deshonra: el amor por un plebeyo, cuando sus planes para ella eran los mejores posibles.

Suspiró profundamente, volvió a abrir los ojos como si regresara de un sueño profundo y miró a su sobrino que permanecía en silencio, con la mirada lejana perdida en sus recuerdos más íntimos.

- ¡Por qué esta obstinación de Sarah! - Exclama para sí misma.

Camina lentamente hacia el balaustre y mira el jardín que se extiende hasta donde alcanza la vista. Inhala el aroma de las flores y se vuelve hacia el joven que seguía pensando distante.

¿Qué opina? Quizás Sarah, con quien habló esta noche... si es así, no lo molestaré; luego se aleja en silencio.

Nail dio rienda suelta a sus pensamientos.

Ve ante sus ojos al Emir Ornar, sentado en lo alto de su trono, con las piernas cruzadas al estilo oriental. El traje está ricamente bordado en oro y plata. El turbante resplandeciente sostenido por una enorme piedra aguamarina. Sus dedos, adornados con ricos anillos, estaban impacientes.

Tenía mujeres hermosas a su alrededor.

Él y su tío se habían puesto cómodos después de saludar al sultán.

El baile había comenzado. Bailarines de las más variadas procedencias realizaron delicados gestos con perfección y arte siguiendo el embriagador ritmo de la música.

Pero hubo una que destacó por su belleza: Tulí. Con cada acorde de aquella vibrante canción ella hacía movimientos espléndidos, sacudiendo su cabello rubio aquí y allá, haciendo que todo su cuerpo pareciera flotar.

Bajo el fino velo que cubría su rostro, se podían ver sus labios entreabiertos, en una sonrisa mística y sensual. Le pareció oír la voz sonora de su tío que le decía:

- Es Tulí, de la que te hablé. Pero ahora silencio... El Emir Ornar ya se ha dado cuenta que estábamos hablando. ¡Ni siquiera permitirá un susurro!

Después de eso, nunca más la volvió a ver, hasta el día que la encontró en Centromel.

Lo había hablado con su tío, pero lo dudaba.

- No es cierto - dijo entonces -. ¡Tulí está en Bagdad, no puede ser! - Pero Nail afirmó:

- Son los mismos ojos, la misma sonrisa... ¡Lo sé...! De modo que Farid había prometido averiguarlo.

Se fue esa misma noche y nunca regresó.

Nail ahora recordó que su tío anteriormente se reuniría con compradores que no conocía. ¿Qué misterio rodeó su muerte? ¿Qué hubiera pasado realmente?

Un ligero golpe en su hombro lo trajo a la realidad.

Fue Lamura quien le entregó una bandeja con un vaso de refresco.

- Toma esto, hijo mío – dijo afectuosamente. - Deja los recuerdos para más tarde. Hoy estás muy apegado a ellos. ¿No te apetece hablar con tu vieja tía? Aquí. Esta bebida te hará bien.

Nail suspiró y se frotó los ojos para ahuyentar los recuerdos.

- Soñé con los ojos abiertos - respondió bromeando el joven.

Bebió la bebida de un trago. Luego se levantó, se disculpó por el retraso y se despidió con la promesa de volver pronto.

Capítulo XI

"Nuevos encuentros con..."

¡Pobre Celmo, infeliz Sara! Ambos relegados al sufrimiento causado por las manos despiadadas de Lamura.

Para la joven Sarah, poco a poco Celmo empezó a alejarse en sus recuerdos, hacia las brumas del olvido forzado.

Había jurado olvidarlo y cumpliría su promesa.

Las imposiciones de Lamura ya no importaron. ¿Quería esa unión con su primo Nail o no?

La mente confusa inspiró diferentes sentimientos en la joven. Pero, ¿qué pasa con Celmo?

Se le había negado la bendición del olvido. Incluso despreciada como creía, seguía amando a aquel que había jugado con sus más puros sentimientos por un mero capricho, pero la entendía.

Una nueva Sarah se había revelado ante sus ojos. Ávida de amor y voluble rebelión. Ese sentimiento en su corazón creció tanto que ya no sufrió. Todas las noches, retirada a su habitación, pedía a Alá la bendición de no poder odiarla.

Viviría lejos de él, pero el recuerdo de las horas pasadas a su lado siempre estaría presente en su espíritu.

Pasaron los meses pero, para ambos, la lentitud de las horas se prolongaba tristemente.

"El amor excesivo a los bienes terrenales tiene graves consecuencias para el espíritu humano. La posesión efímera entre las criaturas humanas y todos los bienes recibidos por nosotros es un préstamo divino. No engañen a las criaturas porque nos es dado servir fraternalmente a todos y tratar a todos. todos con igualdad. Somos hijos de un solo Padre, y el que desprecia al prójimo, desprecia al hermano en Jesucristo. Los prejuicios han existido y existirán siempre sobre la faz de la Tierra porque los seres aun permanecen alejados del bien y de la verdad."

Sarah había subido al cerro esa tarde soleada para volver a ver a Tulí. Hacía mucho que buscaba la compañía de esa mujer. Para ella, ese deber no representaba nada más; al contrario, cumplía sus órdenes con esmero y placer, pues tenía cultura e inteligencia, que a los ojos de la ex esclava eran increíblemente importantes.

Ahora estaba ocupada redecorando la mansión de Tulí, citándole poemas famosos o deleitándola con la lectura de alguna obra.

Sus tardes en compañía de Tulí ya no eran parte de una obligación, se habían vuelto placenteras, pues todo lo que Sarah hacía o decía era aceptado por la ex esclava con inmenso placer.

Tulí, que al principio había odiado tanto a aquella joven, ahora no podía prescindir de ella, de su compañía.

Reunidas en el gran salón, revestido de mármol y redecorado por las hábiles manos de Sarah, charlaron, mientras un criado les servía té.

Tulí llevaba mucho tiempo preocupada, pues una piedra valiosa que guardaba consigo y que le había regalado el Emir cuando aun era su favorita había desaparecido de su caja fuerte.

- No me refiero a la desaparición de la joya, por lo que supones - dijo dirigiéndose a Sarah -. Me la regaló el sultán y solo él la reconocería, entre tantos otros. ¿Te imaginas si se lo vendiera la persona que lo robó?

- Recién ahora agradezco tu preocupación, Tulí; ¿estás seguro que la buscaste bien? Quizás no la habrías colocado en ningún otro lugar...

- No, no. La última vez que la vi estaba aquí, en esta habitación, en la caja fuerte... Ornara estaba aquí conmigo y no terminó la frase.

De repente, algo iluminó su rostro.

- ¡Cómo no se me ocurrió eso! ¡Solo ella podría haberla robado, ese cascarrabias!

- No entiendo. ¿De qué estás hablando?

-Ornara. Estoy hablando de Ornara.

- No lo creo, Tulí. ¡Ella no haría eso! - Eso es lo que supones. Ornara siempre me molesta. Cree que debería darle más. Piensa que no lo compartí bien. Vive prometiendo vengarse. Es eso.

- Ella ayudó con el chantaje contra nosotros, ¿no? - Preguntó Sarah de repente -. ¿Y no le diste lo suficiente?

- No fue chantaje - protestó Tulí -. Fue un trato.

- Antipática - respondió Sarah.

- ¿Qué quieres decir con esa insinuación? - Intervino Tulí perdiendo la calma.

- Oh nada. No estoy en condiciones de acusar a nadie. Estoy demasiado apegado a ti para no saber tus intenciones... bueno, vayamos al grano. ¿Por qué le tienes miedo a Ornara?

- ¿No lo entiendes? Podría escapar y denunciarme al Emir Ornar.

- Pero en ese caso también sería descubierta.

- Ornara es astuta...

Hubo un momento de silencio entre las dos mujeres.

Tulí miró por el gran ventanal el parque paisajístico que se extendía más allá de su vista...

- ¿Tiene derechos sobre ti después de tantos años? El sultán puede obligarme a volver

- ¡Pero si fuera Ornara, sé cómo hacerla hablar!

- Pero, ¿por qué sacó esta piedra entre tantas otras?

- La piedra es una prueba importante. Hecho de una manera especial, solo Emir lo reconocería. No hay dos iguales en Bagdad.

- Y ella, agitada, propone: Caminemos un poco. Necesito aire fresco.

Tan pronto como ambos salieron de la habitación, alguien que llevaba mucho tiempo escondido entre las cortinas de seda abandonó rápidamente el lugar, dirigiéndose a encerrarse en sus habitaciones.

Era Omara.

Sí, le había robado la piedra a Tulí y pensaba muy pronto usarla contra la niña. Estaba esperando una oportunidad.

- Ella me las pagará - se dijo. - Tengo las cartas de triunfo en mis manos y pronto seré la dueña de todo esto. ¡Tulí, vete al diablo! Robé la piedra solo para que pudieras vivir en tormento. Quiero que sufras. Mis planes son diferentes. Esta joya no me sirve de nada, a pesar de su valor.

Guardó la piedra con cuidado en su escondite y encontró la salida.

Tulí todavía estaba en el jardín junto a Sarah. Sus pensamientos eran extraños. Mirándola con más detalle, Tulí siente un atisbo de remordimiento por lo que le había hecho a aquella joven que tan bien sabía pronunciar palabras sabias cuando el miedo la atacaba.

-Fue una tonta venganza mía - recuerda Tulí.

Quería que Sarah muriera de dolor y humillación, ¡pero ella parece disfrutar de mi compañía! Notó que las divagaciones sobre su madre ya no le causan preocupación. Antes la defendió y una llama de odio emanó de ella. Hoy cuando hablo con ella me responde sin mucho interés, solo murmura:

- Ya lo lograste Tulí, soy esclava de tus deseos. Deja en paz a Lamura. La venganza es contra mí, me doy cuenta... ¿por qué?

- ¡Oh! Nunca sabría responderte -. Sigue divagando en sus pensamientos mientras observa a Sarah más lejos.

- ¡Te odié, te odié tanto que intenté encontrarte para vengarme! ¡Necesitaba lastimarte, pero parece que no te importa nada! Hablamos a diario, pero ¿qué pasa realmente dentro de ti? Ya no deseo herirte con palabras, solo quiero que me sirvas y no te haré ningún daño, pero si dejas de venir a mí, si me dejas sola... - La voz de Sarah interrumpe sus pensamientos.

- Tulí, ¿nunca has pensado en la dificultad que tengo para pasar el cerro y llegar hasta ti? No siempre estoy desatendido... Lamura controla todos mis movimientos. Si no fuera por Nail, tan bueno y siempre tan generoso, no te volvería a ver y entonces todos mis sacrificios del pasado habrían sido en vano. ¿No lo dirías?

- Por supuesto - respondió Tulí, decididamente.

- ¿Conoces a Nail? - Preguntó Sara.

- Sí y no.

- Es amable, tiene actitudes correctas y comprensibles.

- Encontrarás la felicidad total a su lado. ¿O aun no lo has decidido?

- Sí - dice Sarah convencida -. Me casaré con él muy pronto. Solo estamos esperando que se resuelvan algunos acuerdos.

Tulí no responde. Simplemente aprieta nerviosamente la capa entre sus dedos.

Sarah al notar ese gesto, comenta para sí: ¡Espera y verás, Tulí, la victoria final será mía! Te compadezco, pobre criatura, que te aferraste a un odio imaginario para tenerme a tu lado. Todo sería diferente si no me odiaras... Podría encariñarme, podríamos ser como dos hermanas, porque hemos sufrido mucho, y el sufrimiento une a las criaturas.

¡Oh! Tulí. Si quisieras se podrían aclarar muchas cosas, como la muerte de mi padre...

Tú sabes. Lo siento. Pero Nail está luchando para liberarme de ti; Nail conoce nuestro secreto y Alá le ayudará a encontrar al misterioso asesino de mi padre, para que pueda retirar la acusación contra Lamura. Y entonces... ¡serás infeliz! Ya no podrás comunicarte conmigo. Ya no podrás exigir que Sarah Camur cumpla tus órdenes...

Capítulo XII

"Nail va en busca de la verdad"

El destino había llevado a Nail a conocer mejor a los habitantes de las costas del Mediterráneo, que se dedicaban a buscar noticias sobre la muerte de Farid Camur.

El joven preguntó sin descanso, de aquí y de allá.

Tenía la promesa de Sarah que solo se casaría con él cuando todo fuese aclarado. Había abierto su alma y le había confesado a Nail todo el horror que había estado viviendo, con la esperanza que él pudiera ayudarla, ya que se iban a casar.

Nail sabía que, la noche del asesinato, su tío vería a Tulí. Descubriría al autor del crimen aunque le costara meses de búsqueda incansable.

Y fue en una de estas búsquedas cuando conoció a Meliano, el buen anciano, que había sido comandante de uno de los barcos de Farid Camur. Meliano poseía ahora, junto con sus sobrinos, su propia flota de barcos.

Tras contarle el motivo que le llevó a buscarle, obtuvo de Meliano una larga lista de personas con las que Farid Camur había negociado en aquella ocasión. Y fue así como Nail empezó a tomar el rumbo correcto en sus investigaciones.

Meliano le había informado que Alzugai, un árabe, le había dicho unos días antes de la muerte de Farid Camur, que iba a reunirse con él esa noche para vender uno de sus barcos de pesca.

Agradecido por la información que creía decisiva, se despidió de Meliano y puso rumbo esa misma tarde al otro extremo de la isla donde vivía Alzugai.

Tal como le había informado Meliano, allí estaba con su enorme barriga prominente. Una faja roja sujetaba su ropa y estaba en una deliciosa siesta extendida sobre una docena de cajas.

Alzugai lo recibió todavía adormecido.

En cuanto Nail le habló de su tío, mostró una amplia sonrisa, mostrando sus dientes muy blancos.

Alzugai le dijo entonces que, la noche en que asesinaron a Farid, había comprado uno de sus barcos y que la reunión había tenido lugar allí, en su tienda.

Emocionado por la posibilidad de resolver el crimen, Nail cometió un grave error al decirle al árabe su intención de castigar al criminal. Lo que Alzugai no le había contado a Nail era que esa noche, después que Farid abandonara su tienda, montó en su caballo y lo siguió para robarle. En verdad, no tenía intención de matarlo, solo quería recuperar la fortuna que le había dado a Farid, pero fue reconocido por Farid y tuvo que matarlo para evitar ser condenado.

Afortunadamente nadie lo había visto en ese momento, pero ahora... casi tres años después, ¿su sobrino venía a exigir justicia?

Se aseguró la dirección de Nail con la intención de ayudarlo en la búsqueda del criminal.

- Estaré encantado de ayudar al sobrino de Farid Camur que tantas veces bebió conmigo.

Nail le dio las gracias. Esa noche se sintió inmensamente feliz.

Le contó a Sarah lo sucedido, su entrevista con Meliano y finalmente la conversación que mantuvo con Alzugai.

Ella había escuchado en silencio. Con la mera mención del nombre de Meliano, todo el pasado volvió a la superficie. El recuerdo de esa noche muy lejos, en alta mar, cuando miró por primera vez a Celmo, la dejó trastornada.

¡No, no se había olvidado de Celmo, y si hubiera estado allí lo hubiera podido perdonar!

Nail notó el cambio repentino que se produjo en la joven.

- Muy pronto veremos nuestras vidas libres de este mal, mi querida Sarah. No estés triste, venceremos y caminaremos libres hacia nuestra felicidad. Sarah, escúchame: Tulí aprovechó tu ingenuidad para enriquecerse. Siempre sospeché que la verdad era otra. Ahora siento que este resultado está cerca. Estoy planeando algo infalible para sacarle su confesión.

- Por Alá, ten cuidado - preguntó Sarah.

Nail tomó su arpa y se dirigió al sofá.

- Ven conmigo, Sara. Deleitemos nuestra alma con acordes de alguna melodía. Cántame esas hermosas canciones, mientras intentaré seguirte.

Sarah se dejó arrullar por las suaves notas de la melodía. Las sombras de la noche envolvieron a los dos jóvenes, dejándolos quedarse mucho tiempo cantando amorosamente.

Mucho más tarde, Nail abandonó la residencia de Sarah, con el corazón rebosante de alegría y el alma libre de la duda que lo atormentaba. Ahora ya no quedaban sombras en su corazón.

Recordó las palabras que dijo la joven al despedirse:

- Estoy tranquila. La música me devolvió la paz... ¿o fue tu presencia? ¡Oh! Nail, estoy empezando a amarte, ¡tienes un corazón maravilloso!

¡Oh! Que bien le hicieron esas palabras al joven.

Una leve penumbra cubría la gran habitación donde tantas veces había sentido el peso de la soledad. Hoy; sin embargo, ya no se sentía solo, estaba feliz.

Se dirigió a una mesita donde el criado había dejado un tarro de vino como de costumbre. Tomó un sorbo de un delicioso vaso de bebida antes de acostarse.

Se quedó un poco más en la habitación cercana, todavía embelesado por los acontecimientos del día. En su mente repasó las palabras de Sarah y todos los planes que tenía para llevarse a cabo a la mañana siguiente.

Momentos después, una figura se deslizó entre las sombras de la habitación y con la precisión de un reloj se coló por la ventana entreabierta, después de asegurarse que Nail Camur nunca más volvería a preocuparlo. Ese fue el último vino que probó...

A la mañana siguiente, como si se demorara en su habitación, la fiel sirvienta subió a investigar.

Enloquecida por el dolor, salió corriendo gritando la noticia: "¡Nail Camur ha muerto!."

Capítulo XIII

"La noticia se difundió por todo el mundo"

Centromel con pesar...El joven millonario fue encontrado muerto en su habitación. Murió como vivió: solo. ¿Podría haber sido un suicidio?

Se habló mucho de su próxima unión con la hija mayor de Farid Camur y que ella, enloquecida de pena, se encerró en sus habitaciones negándose a recibir visitas y que la familia pensó en enviarla lejos en compañía de un familiar para poder evitar su locura.

Rumores como este llegaban a diario a oídos de la familia Robel y quien más padecía todo ello era Celmo, cada vez que Lucas o Meliano le contaban las novedades del caso.

Celmo sufrió desesperadamente. Primero por ignorar la estrecha unión de Sarah con Nail y ahora por el estado de ánimo en el que se encontraba la joven.

Estaba absorto en sus pensamientos cuando escuchó un ligero golpe en la puerta. Esperó un momento y, ante la insistencia, se levantó y fue a contestar.

El hombre que apareció frente a él llevaba un albornoz largo y oscuro. Tenía una apariencia tranquila y una amplia sonrisa en su rostro.

Luego de los habituales saludos, preguntó por Meliano.

Meliano no estaba en ese momento, pero Celmo estaba dispuesto a ayudar y servirle. El amable visitante explicó lo que le había llevado hasta allí. Tenía una hija, cuya salud estaba algo quebrantada y necesitaba un cambio de clima para recuperar su salud. Estaba allí para arreglar los detalles porque se enteró que el barco zarparía a la mañana siguiente y le gustaría que Famila hiciera el viaje que había soñado.

- No es necesario hablar con mi tío, mi señor. Estoy a cargo de este viaje y puedo asegurarles que mañana serán bienvenidos a bordo.

- Gracias, joven. Estaremos listos al amanecer.

- Zarparemos al amanecer, amigo. Hasta entonces.

Lucas había llegado mientras los dos hombres hablaban. Con su habitual entusiasmo, informó a Tobar algunos aspectos interesantes de su viaje, hablándole de la gran variedad de comercio que existía a lo largo de la ruta y que sin duda despertaría gran entusiasmo en la joven. Le habló de la belleza de los paisajes que sin duda la encantarían, de las hermosas artesanías, de los poetas y cantantes que tendrían la oportunidad de conocer cada vez que desembarcaran.

En cuanto Tobar se fue, Celmo preguntó:

- ¿Estamos listos?

- Sí. Me voy ahora al muelle a ultimar los preparativos, ya que saldremos al amanecer. El Sol estaba alto cuando a la mañana siguiente Sarah bajó al salón, ante el asombro y admiración de todos.

Su palidez era intensa, resaltada aun más por la túnica blanca que vestía. El cabello muy negro recogido en lo alto de la cabeza estaba adornado con una tiara brillante... ojos muy grandes y hundidos, labios descoloridos, el cuerpo esbelto y debilitado.

Sin decir una palabra, comió la comida, que le fue servida, bajo la atenta mirada de Cara, la amiga de la familia que había estado allí por invitación de Lamura, desde la muerte de Nail.

Sin importarle la presencia de Cara, la joven se disponía a salir cuando amorosamente la detuvo.

- Miro tu cara y veo signos de sufrimiento... ¡Ojalá pudiera ayudarte tanto!

- Gracias. Es la primera palabra amistosa que recibo en mucho tiempo. ¡No sabes cómo eso me reconforta!

- Ven conmigo - preguntó Cara con extrema ternura, levantándose -. Caminemos un poco hasta el parque. Hay mucho sol ahí y lo necesitas, estás muy pálida.

Se dejó llevar hasta donde una fuente de agua clara corría por el cenador lleno de flores.

Allí se sentaron ambas.

Cara era una joven dotada de una bondad extraordinaria y que sentía un verdadero cariño por Sarah. Nunca antes había podido demostrar cuánto deseaba su felicidad.

Ahora, a su lado, trató de comprender esa alma sufriente.

- Veo que mi estado de ánimo no ha pasado desapercibido para ti – dijo Sarah -. El destino parece haberme elegido para sufrir... ahora, cuando ya estaba pensando en disfrutar un poco de alegría con Nail... No continuó - Un torrente de lágrimas brotó de sus ojos, ya cansados de llorar.

- No te culparé por eso. Puedes llorar. Las lágrimas son bendiciones de Alá. Cuando lloramos, lavamos nuestra alma... Nunca tuviste un amigo en quien pudieras confiar; por eso, hija mía, sufres tanto. Créeme – continuó Kara, acariciando sus manos - Quiero ser tu amiga, quiero ayudarte... - Calentada por tantos cuidados, continuó:

- Nail era mi amigo y me iba a unir a él...

- ¿No me vas a decir el motivo de tu prisa por esta unión con un casi desconocido? - Preguntó Kara.

- Era mi amigo, te lo dije, no era un extraño. Me iba a ayudar... estuvo bueno... ¡No lo puedo entender!

- ¿Dices que Nail iba a ayudarla? ¿En qué, Sarah? - Preguntó Kara interesada.

- Al desentrañar la muerte de mi padre - respondió rápidamente la joven.

- ¿Amabas tanto a tu padre que te preocupaba el misterio de su desaparición? - Sarah se puso de pie de un salto.

- ¡No, no lo amaba! Odiaba a Farid Camur y todavía lo odio - Nuevamente las lágrimas bañaron su rostro.

- ¡Sarah! Por Alá, ¿cuál es el secreto que te atormenta? Confía en mí. ¡No le diré nada a Lamura que pueda deshonrarte como lo hizo Saula, en quien confiabas! - Interviene Kara, angustiada por el estado en el que se encontraba la joven.

- ¿Entonces tú sabes? - Preguntó Sarah, asombrada.

- Sí. Lamura me dijo muchas cosas que me niego a creer. ¡Mirándote, no puedo imaginarte capaz de un acto deshonroso!

Todos cometemos errores. Lamura también los cometió y, lo que es peor aun, destruyó dos vidas... dos jóvenes que se amaban.

- No hablemos del pasado - preguntó Sarah.

- De eso quiero hablarte. Cuéntame todo, todo lo que pasó... todo, desde tu salida del castillo de Abraham Salus y quién sabe... quién sabe, ¡tal vez pueda ayudarte a encontrarte a ti mismo otra vez!

Sarah miró a esa misteriosa mujer frente a ella y tuvo miedo. ¿Podría volver a confiar en alguien? Pero... la mirada de la amable dama era tan tierna, tan llena de confianza que no pudo negarse y cedió.

¡Cerró los ojos y buscó en lo más profundo de su alma las escenas que experimentó hace tanto tiempo!

Después de un largo silencio, como si regresara lentamente del pasado, reveló:

- Yo era feliz en compañía de Abraham Salus – vaciló -. En aquel castillo rodeado de bosques donde las enredaderas en flor derramaban sus hojas sobre el tejado formando un delicado espectáculo a mis ingenuos ojos y donde los rosales perfumaban todo el jardín. Viví una existencia irreal rodeada de mimos, cariño y atención... Mi padre... mi padre era Abraham Salus. Él fue a quien aprendí a amar.

Y Sarah continuó la narración. Pintaba escenas con tal emoción y veracidad que Kara experimentaba cada momento, mientras la voz de la joven parecía venir de muy, muy lejos...

Describió al Emir Ornar, su corte y sus esclavos. Habló de Tulí y su viaje por el Mediterráneo...

Habló de su encuentro con su padre, Farid Camur, y de su decepción al saber que era un hombre frío y distante.

Evocó al buen Meliano y se detuvo en recuerdos que la atormentaban. Hablaba principalmente de los ojos negros que la miraban, los mismos ojos que la habían engañado más tarde.

Habló de la ternura que sentía por Lamura, de su sacrificio al donar todo lo que tenía a Tulí para que ella guardara silencio... habló... evocó... revivió cada escena con tal entusiasmo que su rostro adquiría muchas expresiones mientras narraba tu pasado. Y Kara escuchó. Escuchó y comprendió.

Mientras esto sucedía entre las dos mujeres, una escena idéntica se desarrollaba en alta mar a bordo del barco Robel.

La familia había sido confiada al cuidado de Celmo durante el viaje. Él también necesitaba una cura para sus enfermedades y, quién sabe, ¡Famila, la joven morena de largo cabello negro, podría lograrlo por milagro!

- Esta inmensidad de agua nos parece una afrenta a todos - comenta la joven -. En todo momento lleva en el pecho barcas de pescadores... parece injusto, pero ¿yo qué sé? - Dice riendo -. ¡Sí, Alá sabe lo que hace! Si no fuera así, ¿cómo viviríamos? Mira este cielo - dice Celmo, mirando al cielo. - Es una creación de Alá, como todo lo que nos rodea. A veces cierro los ojos tratando de comprender este majestuoso ingenio que es la creación humana y no encuentro solución...

- No intentes descifrar este acertijo. No me importa. Sé que lo inevitable llegará un día y no podremos escapar de ello.

Por eso, no sigo buscando soluciones que sé que no encontraré. Estoy feliz con lo que sé, con lo que soy, aunque haya sufrido mucho. ¡Mi salud es frágil y en cualquier momento sé que dejaré este mundo!

- ¡No, Famila, no hablemos de cosas tristes! - Interrumpe Celmo, poniendo fin a esa conversación que tomaba rumbos menos felices.

Durante largas horas los dos jóvenes hablaron y rieron, olvidándose de sus problemas.

De repente, sin quererlo, Celmo se quedó pensativo, a pesar de la presencia de la joven que ahora contemplaba el horizonte con admiración...

Una caravana de personas guardadas en la memoria comenzó a desfilar por su mente, sacando a la luz sus recuerdos más íntimos. Se sentía como un alma perdida en medio de un mundo cuyo significado todavía no entendía.

Sus ojos negros miraban fijamente a cualquier punto del infinito, buscando algo que le hiciera comprender los misterios de la vida. ¿Por qué era diferente a los demás? Mientras otros encontraban placer en una copa de vino y en las mujeres, su alma buscaba explicaciones...

¿Por qué esta búsqueda incesante, esta búsqueda inexplicable? A su alrededor, a nadie parecía importarle las cosas del alma. Suspiró una vez más, continuando con sus conjeturas. Se sentía solo, atormentado por extrañas premoniciones... ¿Dónde encontró la paz que solo había encontrado en compañía de Sarah? Pero ni siquiera ella supo entenderle.

Sacudió la cabeza, poniendo fin a los recuerdos.

- Ven - le dijo a Famila, unámonos a los demás. Creo que deberíamos comer algo ya que se hace tarde.

Y como dos viejos amigos, fueron a reunirse con el resto de la tripulación para comer.

En ese mismo momento, en el lejano Centromel que quedó atrás, también se retiraron dos almas, que recién se entendían. Eran Kara y Sarah Camur.

Capítulo XIV

"Na..., en el encuentro."

Mahaba, la ciudad de las flores, estaba de fiesta.

Como también ocurre hoy en día, siempre que se organiza una competición hay mucha alegría, todos intentan ser siempre los mejores.

Música, entretenimiento, comida en abundancia...

En aquellos tiempos lejanos, la costumbre tampoco era diferente. Aunque las carpas eran totalmente diferentes a las de nuestros días, había mucha similitud en los hábitos festivos actuales.

Allí acudieron jóvenes de diversas ciudades para participar en los concursos más diversos, acompañados de amigos y familiares. El ganador tenía derecho a elegir, entre las doncellas espectadoras, la que sería su compañera durante el resto de las festividades. Por este motivo, el entusiasmo entre los competidores era bastante visible.

Sarah había dejado Centromel hacía casi dos meses con Kara. Vivía ahora en aquella agradable ciudad, rodeada de imponentes acacias y majestuosos castillos que apuntaban sus torres hacia arriba en reverencia a Alá, lo que le hacía sentirse constantemente nuevamente en la casa de Abraham Salus, pues los jardines que rodeaban la residencia de Kara tenían el mismo agradable aroma de flores que le recordaba su infancia.

Kara, después de haber persuadido a Lamura para que aceptara quedarse en Mahaba, estaba exultante.

Quería que la joven, libre de los recuerdos que la amargaban tanto, se encontrara a sí misma nuevamente.

Por fin había llegado el día de las competencias. Un tanto alejadas del bullicio del personal y del bullicio de los preparativos finales, Kara y Sarah estaban cerca del carruaje que las había transportado hasta allí y observaron atentamente una de las pruebas que consistía en cruzar el lago de una orilla a otra, pero con los ojos vendados.

Las coloridas carpas por todas partes, el ajetreo de la gente que se dirigía hacia el lago para estar más cerca de los competidores, la música mezclada con cantos en medio del tórrido Sol, conformaban un típico paisaje festivo.

Los nadadores fueron aclamados con entusiasmo mientras realizaban las pruebas.

Después de unos minutos, emerge el ganador. Al salir del agua es aplaudido por todos. Recibido por el comité en medio del revuelo de los jóvenes, es celebrado por la gente que lo rodea.

Recibe el premio. Al cuello se le coloca un collar de flores rojas, con el que elegirá a su pareja para el resto de las festividades.

El ganador es un valiente nadador del lejano Centromel. Guy observa sonriendo:

- Mira, tu Centromel está bien representado. Ahora veamos quién será la joven elegida.

De hecho, tras la coronación, con el collar aun alrededor del cuello, el joven se adentra entre la multitud de jóvenes cálidas y esperanzadas, en busca de la que había elegido previamente. Su cita para la fiesta que estaba por comenzar.

Luego va al encuentro de Sarah quien, ajena a lo que estaba pasando, se sorprende al verlo, parado frente a ella y colocándole el collar alrededor del cuello.

Todo había sucedido tan rápido... Sarah estaba confundida... sus ojos miraban al joven... sus mejillas sonrojadas... sus pies parecían no tocar más el suelo.

- Acepta, querida, y mucha suerte - dijo Kara.

Sarah no tuvo tiempo de decir una sola palabra. La arrastraron al centro del círculo que se había formado a su alrededor y la presentaron como la elegida de Celmo Robel, el ganador.

¡Oh! Qué ingrato fue el destino. ¿No había llegado a Mahaba con la firme intención de olvidar todo ese pasado que solo le había sacado lágrimas? ¿Podría realmente darle nuevas direcciones a su destino? ¿No fue Celmo quien jugó con sus sentimientos? ¿Y por qué la había elegido ahora para su compañía? ¿Sería una nueva apuesta entre amigos?

Estaba confundida y todo a su alrededor daba vueltas. Celmo apenas tuvo tiempo de sostenerla antes que ella se desmayara en sus brazos. Momentos después, suavemente, volvió a abrir los ojos.

Allí estaba él, mirándola con aprensión. Durante unos segundos sus miradas se encontraron con la misma ternura de antes.

Miró hacia un lado, identificando el entorno, y apareció el amado rostro de Kara.

- ¡Cariño, qué susto nos diste! - Dijo la señora. Quiso levantarse, pero una voz firme la detuvo.

- Quédate donde estás. Voy a buscar una copa de vino para reanimarte - dijo Celmo saliendo.

- ¡Oh! Hombre, ¿no lo entiendes, no lo entiendes? - murmura la joven.

- Cálmate, querida. El buen chico pronto volverá con el vino. Estarás restaurada en poco tiempo. Fue cansancio, seguro - dice Kara con ternura.

- ¿Es posible que no hayas entendido, Kara? - Volvió a preguntar la joven, desconcertada por lo sucedido.

- Sarah, Sarah, calma tu alma. ¡Quizás Alá quiera que seas feliz ahora! Cálmate Kara.

- ¡Pero cómo es posible! Este es Celmo Robel, el hombre que... - Kara interrumpe a la joven:

- Todo se aclarará. Ahora, nada de insultos, nada de palabras sin sentido en este momento, querida... Ahí está de vuelta - advierte Kara.

Sarah no entendía la actitud de su amiga, porque sabía lo que le había hecho y ¿por qué esa actitud extrañamente gentil?

Luego de beber la bebida que él le había traído y, apoyándose en Kara, la joven dio unos pasos disculpándose.

- Creo que fue el calor. Lamento haberte molestado - dice, dirigiéndose al chico.

- No lo pienses más. Si tienes fuerzas... podríamos dar un pequeño paseo alrededor del lago y admirar el espléndido paisaje.

Sarah quiso dudar, pero la expresión del rostro de su amiga la desanimó.

- Como quieras – respondió simplemente.

Celmo invitó a Kara a acompañarlos y se adelantó a tomar un barco para llevarlos. Sabía de la traición de Lamura y había pensado mucho en la situación de Sarah cuando la joven le reveló sus sentimientos más íntimos hacia Celmo, pero no pudo revelarle el verdadero motivo de la repentina separación que se había producido entre los dos jóvenes. No sabría cuál sería la reacción de la joven al enterarse del truco que Lamura le había tendido a este amor. Sabía del sacrificio que Sarah había hecho para salvaguardar el nombre de su madre, convirtiéndose en esclava de los deseos de Tulí... Decidió guardar silencio.

Alá sabría qué hacer para reunir a esas almas que tanto se amaban. No diría nada para que la joven ya no tuviera este sufrimiento plantado en su corazón.

Ahora allí, mirándolos a los dos, pensó en todo lo que había sucedido meses antes.

- Es bueno que Alá los guíe - murmuró casi en una oración.
- Yo haré el resto.

El recorrido alrededor del lago se realiza de forma casi automática. Los dos jóvenes apenas intercambiaron palabras, dejándose llevar por la belleza del paisaje circundante y envueltos en sus propios pensamientos.

La tarde era templada cuando regresaron, después de haber participado un poco más en los juegos de ese día.

Sarah, ahora más relajada, mostraba en su rostro los beneficios del Sol que la hacían más alegre y feliz. Tratando de ser agradable, Kara invita al chico a visitarlos al día siguiente.

- ¿Has reflexionado sobre lo que podría pasar mañana? - Pregunta Sarah, tan pronto como el chico se aleja.

- Lo amas - dice Kara decidida e ignorando la pregunta de la joven-. ¡Lo vi en tus ojos, en tus gestos!

- Amigo, te hice una pregunta - responde Sarah.

- Y te digo la más maravillosa de todas las verdades: tu amor aun no ha muerto.

- Te prohíbo hablar así.

- No, no dejaré que se desperdicie esta oportunidad - se dice a sí misma -. Los reuniré y los bendeciré. Celmo no es un plebeyo. Tiene una flota de barcos... es como Farid.

- Celmo no es plebeyo, pero no tiene títulos de nobleza - dice Sarah convencida. Ríndete, Kara, y deja de soñar... - Kara parecía no escucharla más. Concibió en su pensamiento el más atrevido de sus planes: reunir a Sarah y Celmo, allí, en la vieja Mahaba, lejos de todo y de todos.

- Estoy cansada, me voy a retirar - dice la joven.

Kara no escuchó cuando la joven se alejó. De ojos cerrados, revisó toda la escena del lago. Ella todavía amaba a Celmo, sí.

Le daría tiempo.

Capítulo XV

"Han pasado muchos meses... Mahaba..."

Con el paso del tiempo, Kara le reveló a Celmo el plan que Lamura había ideado para mantenerlo alejado de Sarah. Le había pedido al chico que guardara el secreto, ya que no quería que Sarah se separara de su madre por lo sucedido.

Lamura solo intentaba proteger a su hija de un destino que pensaba que no era bueno para ella.

Celmo sabía que aquella alma rebelde nunca entendería los motivos por los que Lamura los había separado y le había dado la razón a su amiga.

Sarah necesitaba que él fuera feliz y él estaba dispuesto a tenerla nuevamente.

Ambos conversaban aquella tarde bajo el cenador, donde les llegó el dulce sonido de un arpa lejana.

- Tengo miedo del futuro. Cada vez que te vas, sigo preguntándome:

- Celmo, ¿volverás conmigo? Tengo mucho miedo, Celmo. Confié demasiado en ti en el pasado...

El muchacho siente una profunda tristeza en su corazón, porque eso no es la verdad. Con gran esfuerzo por no revelar la verdad a quien tanto ama y a quien jamás haría daño, responde:

- No hablemos del pasado porque no hubo apuesta y solo tenía miedo de casarme contigo... tenía miedo de verte sufrir separada de tu familia... entonces... pensé que no estarían de acuerdo con nuestro unión y terminé inventando todo eso.

- ¿Y ahora? - Pregunta Sara.

- Es diferente. Los compromisos ya no existen. En el pasado hubo un compromiso hecho por tu familia...

- Entiendo. Amiga me hizo ver muchas cosas. Le tengo un profundo respeto, pero confieso que a veces no la entiendo. Sin embargo, solo sé que a ella le debemos nuestro reencuentro.

- Cuando regrese, será para llevarte conmigo a Centromel, como mi esposa, querida Sarah.

- ¡Oh! Celmo, permite que Alá todo salga bien. ¿Vas a hablar con Lamura otra vez?

- Sí, pero esta vez le diré lo que pretendo y te prometo que nos casaremos de todos modos. Nuestra amiga tiene todo listo. Volveré lo antes posible.

Como era de esperarse, Celmo no obtuvo el consentimiento de Lamura para su unión con Sarah. Nunca daría mi consentimiento bajo tu techo. Que su hija nunca volvería a casa si se atrevía a desobedecerle de nuevo, uniendo su destino al de un plebeyo.

Consideraría muerta a Sarah a partir de esa fecha.

La joven sabía lo que hacía cuando decidió no escuchar las súplicas de su madre quien, una vez más, intentaba alejarla del hombre que amaba. Para ella, Lamura no la amaba lo suficiente como para comprenderla y bendecirla. Así que allí, en la vieja Mahaba, bajo la protección de Alá y de su fiel amiga Kara, se reunió con Celmo Robel y, tras un largo viaje de regreso a través del Mediterráneo, desembarcando aquí y allá, finalmente regresó a Centromel para vivir su sueño de amor en compañía de su elegido.

Mientras nuestros jóvenes se preparaban para desembarcar en Centromel, algo sucedió. Ornara finalmente había logrado contactar con un viejo conocido en Bagdad y traicionar a Tulí, denunciándola al Emir Ornar. Una tarde, mientras permanecía en el muelle como era su costumbre, fue atraída a una trampa, secuestrada y de nuevo regresó con Emir Ornar, el sultán vengativo.

Una gran cantidad de oro y joyas acabó de nuevo en manos de Ornara quien, creyéndose libre del enemigo, empezó a vivir lejos de la justicia del sultán, pero no lejos de la justicia de Alá.

Sarah y Celmo empezaron a vivir en la residencia Robel junto al mar. ¡Tal era la felicidad que sentía que ya no recordaba el pasado de dolor y lágrimas que había experimentado tan recientemente!

Habían pasado tres años.

Sin embargo, un día Lucas regresó de un largo viaje y, como era hermano de Celmo, se fue a vivir con ellos.

La belleza de Sarah lo encantó. La pareja, que hasta entonces había vivido en perfecta armonía, empezó a discrepar con frecuencia.

A pesar del tiempo, Lamura no la había perdonado y, en esos tres largos años, la joven había vivido acurrucada en el cariño de Celmo y sus dos hijos.

¡Esa era su familia! Ahora; sin embargo, algo volvía a poner en peligro su felicidad.

Un sentimiento extraño se apoderó de su alma. Una inquietud se había instalado una vez más en su corazón.

El follaje que rodeaba el balcón baila con el viento. Ella observa con curiosidad. Un rostro emerge claramente en sus pensamientos. Es la danza de las hojas lo que le recuerda... Cierra los ojos, intentando deshacer esa visión. Ya no puede borrar los recuerdos. Tres años de unión con Celmo significaron años de reconfortante alegría para su alma rebelde; sin embargo, comenzó a sentirse infeliz y aburrida de todo.

Ya no pertenecía a la clase noble, todos la despreciaban a ella, a sus antiguos amigos, a su pueblo. Al unirse a un plebeyo, abdicó de todos los títulos que ostentaba anteriormente. Se la consideraba indigna de los de su clase social. Sola, sin amigos, aislada en aquella isla, se volvió melancólica y se aburrió de todo lo que la rodeaba.

El marido pasó muchos días en el mar y, aprovechando los momentos de soledad de su cuñada, Lucas empezó a insinuarse, sembrando dudas en su corazón.

Sarah sabía de la amistad que existía entre Celmo y Famila, la joven enferma que una vez había viajado con su marido.

Lucas, aprovechando las largas ausencias de su hermano, sembró la perniciosa semilla de la desconfianza.

Estaba atormentada por pensamientos locos.

¿Cuántas veces se había preguntado cuál había sido su pecado? ¿Le encantaba Celmo? ¿Desobedecer a Lamura? ¿Ceder a las exigencias de Tulí? ¡Oh! ¡Qué infeliz fue!

¡Su remordimiento y desprecio fueron como latigazos que golpearon su alma rebelde y orgullosa!

Ya no le importaban sus hijos, su hogar... solo esa cruel obsesión: tendría que saber todo sobre Celmo y Famila.

Ya no podía ser feliz y, de su desgracia, culpó a Lamura. ¿No había regresado de Bagdad con el corazón lleno de ternura, no había tratado de amarla y respetarla?

¿Qué le había dado Lamura a cambio? ¡Oh! Sarah ya no pensaba en nada más que en la terrible situación en la que se encontraba. ¿Y quién fue la causa? Lamura. Lamura, con su intransigencia, con su orgullo. ¿Y ahora, en la más cruel soledad, todavía tenía que enfrentarse a un enemigo que estaba destruyendo su hogar? ¿Por qué Celmo permitió que Lucas siguiera viviendo bajo el mismo techo? ¿Celmo no entendió las intenciones de su hermano?

Sarah luchó mientras sus fuerzas se lo permitieron, pero luego se dejó llevar por esa ola de intriga que Lucas había creado a su alrededor. Una tarde, cuando regresaba de la playa, pilló juntos a Celmo y a Famila. Había visto cuando Famila, al despedirse de Celmo, le besó la frente.

Enloquecida por los celos, corrió a casa sin escuchar las explicaciones de su marido.

No era lo que ella suponía. Famila se curó y dejando la isla en compañía de su padre. El beso agradecido, dado en la frente del amigo, era de reconocimiento y amistad.

Humillada por lo que acababa de presenciar, comprendió que solo le quedaba un camino por recorrer. Su mente alucinada regresaba insistentemente al pasado de dolor que no buscaba olvidar, alimentando aun más sus ensoñaciones.

Nunca había podido tener paz en compañía de nadie. Desde que dejó la casa de Abraham Salus, nunca más había disfrutado de una serenidad completa. Siempre hubo un pasado que torturaba su mente.

Y ahora que estaba feliz, apareció Lucas. No, ya no tenía fuerzas para luchar.

En el fondo se dio cuenta de cuánto la deseaba Lucas.

Celmo se había hecho sordo a sus súplicas para que se fueran a vivir a otro lugar, solos, lejos de la presencia de Lucas que, en cierto modo, la atraía. ¿Por qué Celmo no respondió a su pedido?

Loca, abrumada por los celos, ahora creía comprenderlo todo.

Celmo no se alejó de allí porque allí estaba Famila. Lucas, tenía razón - pensó.

Estaba cansada, necesitaba cariño, su alma confundida pedía comprensión. Entendiendo que Lucas demostró sutilmente que podía darle.

Mientras Celmo se distanciaba del corazón de Sarah, aun molesto por el incidente, Lucas poco a poco iba ganando la batalla.

"¡Infeliz Sara! ¿Cuánto tiempo iba a luchar con ese acto sin sentido? Había buscado mucho, solo para ella misma, necesitaba ser feliz a cualquier precio, pero no había sabido dar un poco de felicidad a quienes la necesitaban. Su alma egoísta e inmadura había creado una red de situaciones complicadas en las que se debatían conclusiones erróneas."

El hermano de Celmo, Lucas, había notado la fragilidad de los sentimientos de Sarah y le ofreció la oportunidad de dejar Centromel en su compañía para siempre.

Lucas era un hombre carente de carácter digno y encantado solo por la belleza de su cuñada, la convenció que dejara a Celmo y a los niños, prometiéndole amarla como realmente se merecía.

Saldrían a la mañana siguiente, dejando todo atrás.

No pensó en nada más que en lo infeliz que se sentía y en la realización de su intención. Se sentía esposada a Celmo Robel y quería romper las cadenas que la hacían infeliz. Estaba cansada de ser señalada como indigna y la que había manchado el honor de la familia. El amor de Celmo no fue suficiente para darle la felicidad que deseaba. Su alma necesitaba más, mucho más.

Cuando uno de los barcos de Celmo partió de madrugada, llevaba en cubierta a una pasajera, Sarah Camur, un alma sufriente en busca de su propio destino.

Pasaron algunos años entre recuerdos y amarguras para Celmo, que no entendía el comportamiento de su esposa.

A petición de Kara, Celmo le entregó a sus dos hijos. Los muchachos necesitaban una mejor educación, el cariño de una madre, y Celmo no podía darles lo que necesitaban, ya que su vida estaba dividida entre el mar, la tierra y la soledad que amargaba su existencia.

Luego Kara se había llevado a los niños.

La propiedad de Robel, amplia y confortable, quedó vacía y sin calefacción con la marcha de su esposa. Solo quedaban unos pocos sirvientes y, con los niños yendo a la casa de Kara, todo se había vuelto terriblemente triste. Para Celmo, los recuerdos que le traía aquella casa eran demasiado profundos.

Cuando regresó de sus viajes, fue a ver a sus hijos y a su amiga. Lamura, íntima amiga de Kara, empezó a pasar más tiempo con sus tiernos y cariñosos nietos y, a través de las visitas que hacía a su amiga, se dejaba embargar por la emoción que le provocaban los pequeños. Capituló y trató de olvidarlo todo.

¡El milagro había ocurrido!

Kara dio gracias a Alá. Ahora todo estaba bien. Ya no había odio entre Celmo y Lamura, pero el corazón de la vieja amiga, que había hecho todo lo posible para unir a Celmo y Sarah, seguía infeliz, ya que nunca más había vuelto a saber de ella.

Meliano y Celmo siguieron siendo dueños de la flota de barcos que surcaban los mares. En el corazón de Celmo persistía la amargura. Lamentó que el entendimiento entre él y Lamura hubiera llegado tarde. ¡Cuántas desgracias se habrían ahorrado!

Pero cuando ya se encaminaba hacia el olvido de tantas desventuras, he aquí, la muerte se lleva la vida de su pequeño hijo, golpeando una vez más su corazón.

Una grave infección provocada por una herida que le hizo su perro le quitó la vida.

Celmo lo soportó todo, con humilde resignación, como si ya hubiera esperado este golpe fatal.

Fue la voluntad de Alá. Este Dios Alá en el que creía. Un Ser que era para él toda la fuerza, la pureza de sentimientos y la rectitud de carácter. Un Alá que era solo justicia.

Celmo sufrió la pérdida de su hijo, pero en su corazón ya no había lugar para la rebelión. El sufrimiento había hecho que su corazón se volviera aun más hacia Alá y en Él buscaba el consuelo que su alma necesitaba.

Rodeado del cariño de Kara y Lamura, Celmo ya se recuperó anímicamente y se fue nuevamente, dejándolos con la certeza que estaría bien.

Si bien el destino volvió a hacer daño a Celmo Robel, llevándose a uno de sus hijos, en Bagdad, también se encargó de hacer daño a Tulí, la bailarina. Desde que fue entregada nuevamente al sultán, Tulí vivió prisionera en un salón, custodiada por fieles soldados del reino.

La figura del sultán fue vista deambulando a altas horas de la noche, por los pasillos del palacio.

Observaba a Tulí de lejos con los ojos inflamados por el odio que guardaba dentro de su pecho.

No pudo soportar la traición. Necesitaba lastimarla y torturarla. ¡Esta vez su honor sería lavado con la sangre de esa maldita mujer! La dejaría pensar que todo había sido olvidado y luego, en la plaza pública, la ejecutaría con un refinamiento de crueldad que solo su mente enferma podía imaginar.

A nadie se le permitió quedarse a su lado, excepto Núbia, una antigua esclava y el propio emir Ornar.

Pero Núbia odiaba a Tulí.

No podía soportar verla como el objetivo de la atención del Emir Ornar después de todo lo que le había hecho, como si nada hubiera pasado. Su corazón pedía castigo para quien había seducido a Ornara y separarla de ella para siempre.

¿Por qué el sultán no la había castigado inmediatamente? Mientras la pobre Ornara vivía fugada, ¿ella, Tulí, vivía en palacio rodeada de mimos? ¿Qué estaría pasando? - Pensó Núbia llena de revuelta. Esa noche se coló en la habitación de Tulí.

La encontró dormida. Su cabeza colgaba sobre almohadas de colores. La miró durante mucho tiempo, como si saboreara de antemano el sabor de la victoria. Luego sacó de debajo de su capa un estilete afilado y lo contempló con alegría satánica.

- Ahora pondré fin a todos tus males - murmuró entre dientes, con los ojos brillantes y las manos temblorosas.

- ¡Muere, maldita mujer! ¡Lleva contigo todo el mal que guarda tu corazón!

Y así dijo, enterró el estilete con todas sus fuerzas en el corazón de Tulí, quien al caer al suelo murió en el instante.

Núbia se escapó, tal como había llegado. Había tenido cuidado de poner un potente narcótico en la bebida que había ordenado servir a los guardias que custodiaban la entrada al salón, por lo que no se había advertido su presencia.

A la mañana siguiente, ella misma descubrió el cuerpo frío de su víctima. Entre lágrimas dio su versión:

Tulí se suicidó. Todos creyeron.

Núbia exhaló un suspiro de alivio. Creía en el perdón de Alá, ya que había vengado al Emir Ornar y lo había liberado de Tulí.

El Emir Ornar, atónito por la noticia y enloquecido por el odio, perdió temporalmente la memoria.

Mientras todo esto sucedía en Bagdad, en Centromel Kara había llegado a casa de Lamura con Zeid, el hijo pequeño de Celmo, y se había instalado allí.

Lamura acogía con gusto la presencia de Celmo en su casa cuando visitaba a su hijo cada vez que regresaba de sus viajes. Con el paso de los meses, Celmo notó que su salud no era buena. Le molestaban los ojos. Temía la ceguera.

Varias veces había tenido crisis y su visión se había vuelto borrosa.

Lamura estaba preocupada por el creciente abatimiento del muchacho.

- Perdóname, Celmo. He hecho todo lo posible para olvidar el pasado. La verdad es que lo sé, fui culpable de muchas cosas... nunca más volví a saber de Sarah... había un vacío enorme en mi corazón. A menudo me encuentro pensando... Recuerdo a Farid y todo lo que nos pasó... la venganza del sultán y el destino de mi hija.

- Por favor, señora, olvidemos el pasado. No quiero acusar a nadie y solo quiero olvidar. No te tortures más, el pasado para nosotros es un recuerdo cruel. Vivamos el presente en este dulce niño que ha sido nuestro ángel de la guarda.

Lamura escuchó las amables palabras de Celmo como si vinieran de muy lejos... sus pensamientos volaron libres, ligeros, hacia un tiempo lejano, feliz, donde todavía encontraba la figura gentil y afectuosa de Farid Camur mirándola con ternura. Recordó la felicidad que había experimentado durante tan poco tiempo, al lado de aquel hombre que tanto la había amado y sintió entonces lo infeliz que había hecho a Celmo. ¡Oh! Si tuviese

¡Le dio la oportunidad a su corazón de conocer a Celmo en esa ocasión! Hoy, hoy, ya no le importaba el estatus del chico como plebeyo. Celmo se había ganado su cariño y respeto. Había aprendido, a través del sufrimiento, que los títulos de nobleza no traen la felicidad.

Celmo se había convertido para ella en mucho más que un hijo. Con sus amables y sabias palabras, transformó el altivo corazón de Lamura.

Su figura aristocrática tenía ahora una altivez diferente. Sus ojos revelaron la dulzura interior de su alma. El verdadero arrepentimiento se había instalado en su alma, haciéndola crecer interiormente. Quería recuperar el tiempo perdido.

En ese momento, Zeid entra a la habitación corriendo hacia su abuela con su risa cristalina y sus mejillas sonrojadas por el sol.

Una vez más, la alegría se instala en el corazón de Lamura y la trae de vuelta.

Lamura abraza cariñosamente a su nieto.

Se levanta. Toma a su nieto de la mano y se dirige hacia el jardín, fascinados por la animada conversación del pequeño Zeid. Celmo permanece sentado, sonriendo mirando el cuadro tan sencillo.

- "Así es la vida. Una constante de risas y lágrimas que bebemos gota a gota para nuestra redención espiritual.

El martirio de nuestros espíritus es que, muchas veces, regresamos a la Tierra en busca de la redención de nuestras almas y fracasamos.

El orgullo, la vanidad, la falta de humildad, el desestimar las oportunidades que se presentan en nuestro camino, son los mayores obstáculos para nuestra evolución, prolongando así nuestro camino de sufrimiento."

Capítulo XVI

*"Entre las brumas del mar embravecido, la búsqueda
de un nuevo destino..."*

Cuando Sarah Camur salió de Centromel esa mañana, solo trajo consigo algunas pertenencias materiales.

Cautivada por las promesas de Lucas, se prometió a sí misma borrar todo el pasado de sus recuerdos.

Sin embargo, habían pasado muchos años y su corazón seguía ligado a los recuerdos de sus hijos.

Superado aquel impulso que la había hecho abandonar todo, ahora veía con gran apatía que nunca podría encontrar la paz que soñaba. Aquella alma rebelde hizo todo lo posible por adaptarse a la nueva situación.

El remordimiento inmediatamente comenzó a carcomer sus entrañas.

- ¿Cómo podía ser tan cruel, abandonando a aquellos pequeños que eran, ahora lo sabía, su alegría? - Pensó insistentemente la joven.

Sentía la presencia de sus hijos en todo. Le dolía mucho el corazón y más aun porque sabía que no podía volver atrás.

Regresar sería su muerte.

¡Había comprendido tardíamente la locura que había cometido!

Lucas no era más que un aventurero. Le gustaban las fiestas y las salidas nocturnas con mujeres. Se sintió más infeliz que nunca.

Después de salir de Centromel, habían aterrizado en alguna locación... Las islas del Mediterráneo, donde había establecido su negocio, formando posteriormente, junto con viejos compañeros, un pequeño comercio de barcos pesqueros.

Sarah trabajó duro para ayudarlo y también para sobrevivir a su desgracia.

Sus manos blancas y delicadas, acostumbradas solo a trabajos delicados y de ocio, aprendieron finalmente el valioso significado de la supervivencia del cuerpo y del alma.

Lucas tenía una pequeña tienda de campaña en el pueblo y allí realizaba su comercio de pesca y también algunas especias.

Autoritario, dominante, torturó la vida de Sarah, sin dejar a la joven el más mínimo estado de felicidad.

¿Dónde encontraría en aquel hombre rudo los deseos que llenarían su corazón? ¿Dónde estaban las promesas de mayor comprensión que Lucas le había hecho?

Ajeno a todo lo que le pasaba y solo apegado a los placeres de la carne, la trataba con malicia y desdén, acusándola muchas veces de haberlo seducido y provocado la desunión entre él y su hermano.

Él la culpaba de lo que le había hecho a su hermano, obligándola a realizar trabajos pesados, que ella, frágil, se arrastraba para realizar.

En este clima de tensión y ansiedad vivió durante dos largos años.

Lucas había abandonado la isla para establecerse a orillas del Mediterráneo. En esta mala época de desacuerdos y aflicciones, un hindú viajaba por El Cairo, llevando sus conocimientos de espiritualidad a los desheredados de la suerte.

Sarah, una tarde, lo escuchó hablar.

Se sintió atraída por su forma de vida sencilla, su conocimiento y su lucidez. Las palabras del hombre le conmovieron el alma. Vio en ellos la esperanza que traería luz a sus días en las tinieblas de la ignorancia de las cosas del espíritu.

Seunius le había enseñado que encontrar a Alá hubiera sido necesario que sufriéramos mucho, de lo contrario no hubiéramos reconocido su llamada. Y Sara había sufrido. Había sufrido todo el dolor moral que el destino le había impuesto, por lo que ahora entendía la gran verdad.

Creía en un futuro sin sufrimiento tras la muerte del cuerpo físico y, para que ese sufrimiento no la persiguiera más allá de la tumba, trabajó fervientemente por su superación, buscando cada día compensar sus errores pasados.

No podía volver a los suyos, pero, en sus pensamientos, cada día estaba a su lado, tal vez incluso con mayor intensidad que en el pasado.

Así vivía Sarah Camur, conocida por todos en el lugar donde ahora vivía como Mela Hamal, la seguidora de Seunius.

Abandonó a Lucas y sus promesas incumplidas. Buscó las verdades anunciadas por el nuevo predicador por quien comenzó a sentir una profunda ternura.

Había decidido seguirlo. Su corazón sintió que a su lado encontraría la paz que tanto buscaba su espíritu.

Quería cambiar el rumbo de su convulsa vida, tan llena de errores y odios. Por encima de todo, quería ser perdonada por Alá.

Llevaba una culpa tan grande dentro de su alma que ya no podía soportarla. El miedo a regresar y a no ser aceptada más le impidió pedir perdón a su familia y empezar de nuevo donde lo dejó. Su alma permaneció en constante conflicto entre el bien y el mal.

Su vida con Lucas hacía tiempo que había dejado de existir.

Lucas tenía un genio completamente diferente al suyo. Había mucha amargura entre ellos.

Sarah anhelaba una comprensión que ni siquiera ella sabía dar a nadie. Era un alma soñadora que no buscaba simplemente la alegría de sus días en la realidad de vivir.

De esta manera, Seunius apareció en su vida como un ancla.

En ese momento ella necesitaba a alguien que aliviara su sufrimiento. Hacerle entender que, solo a través de él, alcanzaría la purificación... era una tarea muy difícil.

Se rebeló. Lloró hasta que ya no sintió fuerzas para sacar tantas lágrimas de sus ojos. Luego, cayó en una profunda depresión.

Entendió que el pasado había quedado atrás y ya no quedaba nada por hacer. No se trataba de seguir adelante, de redimir sus errores de otra manera. ¿Quién sabe dedicarse a alguien? ¿Tener otros hijos? Borrar sus recuerdos, pero ¿cómo?

Sintió que su corazón latía con fuerza nuevamente mientras se acercaba a Seunius.

Fue extraordinario el bien que le trajo la presencia de aquel hombre.

Era algo que no sabía cómo definir. Él le inspiró confianza, seguridad y protección. Se entendieron perfectamente.

Al igual que su discípulo, renació a una nueva vida sin conflictos ni disgustos.

Entendió que solo a su lado estaría a salvo, aunque la vida sería difícil para él.

Ella quedó extasiada, observando su esbelta figura envuelta en el gastado albornoz, su andar firme, sus gestos decididos, sus palabras exactas en el momento justo.

Vivían del pastoreo y lo poco que tenían les alcanzaba. "Salvamos nuestra alma cuando nos dedicamos a alguien", dijo Seunius. Y cuando le preguntaron si odiar a alguien constituía pecado, escucharon la esclarecedora respuesta:

- "Nunca debemos odiar a nuestro prójimo porque es nuestro hermano. Necesitamos expiar nuestras faltas con resignación para merecer la misericordia de Alá. Debemos olvidar el pasado, no pensar en él, no vivir con esta pesadilla dentro de nosotros... "

Le había enseñado una nueva forma de vida.

Hoy, ya no le importaba el estatus del chico como plebeyo. Celmo se había ganado su cariño y respeto. Había aprendido, a través del sufrimiento, que los títulos de nobleza no traen la felicidad.

Celmo se había convertido para ella en mucho más que un hijo. Con sus amables y sabias palabras, transformó el altivo corazón de Lamura.

Ella nunca podría regresar. El destino marcó sus propias manos. Él había tomado la decisión. La suya merecía la felicidad y sufriría todo su dolor para limpiarse de las impurezas que había traído a su alma.

De alguna manera había encontrado la paz que había soñado. Seunius le había enseñado tantas cosas buenas, que finalmente habían traído felicidad a esa alma atribulada.

Ahora, Sarah ya no sufría, finalmente había logrado perdonar y olvidar… Su figura aristocrática tenía ahora una altivez diferente. Sus ojos revelaron la dulzura interior de su alma. El verdadero arrepentimiento se había instalado en su alma, haciéndola crecer interiormente. Quería recuperar el tiempo perdido.

Enterró todos los recuerdos en su corazón y mató a Sarah Camur, enterrándola junto con sus locos sueños.

En ese momento, Zeid entra a la habitación corriendo hacia su abuela con su risa cristalina y sus mejillas sonrojadas por el Sol.

Una vez más, la alegría se instala en el corazón de Lamura y la trae de vuelta.

Lamura abraza cariñosamente a su nieto.

Se levanta. Toma a su nieto de la mano y se dirige hacia el jardín, fascinados por la animada conversación del pequeño Zeid. Celmo permanece sentado, sonriendo mirando el cuadro tan sencillo.

- "Así es la vida. Una constante de risas y lágrimas que bebemos gota a gota para nuestra redención espiritual.

El martirio de nuestros espíritus es que, muchas veces, regresamos a la Tierra en busca de la redención de nuestras almas y fracasamos.

El orgullo, la vanidad, la falta de humildad, el desestimar las oportunidades que se presentan en nuestro camino, son los mayores obstáculos para nuestra evolución, prolongando así nuestro camino de sufrimiento."

Capítulo XVII

"En...Centromel, el ambiente era de celebración y alegría..."

Era un día festivo en Centromel para la familia Camur.

Zeid cumplía ocho años y Lamura había ordenado preparar una gran fiesta, a la que había invitado a las familias más nobles de sus relaciones. Había decidido que el día del cumpleaños de su nieto lo presentaría a sus conocidos. Había quedado de acuerdo con Celmo y una vez todo arreglado comenzó a preparar la recepción.

Había encargado los mejores dulces de miel, refrescos, delicadas y coloridas flores para adornar el ambiente. Tenía una túnica delicada y de color claro tejida para su nieto.

Por fin había llegado el gran día.

Del gran salón donde estaba puesta la mesa con dulces y golosinas, surgía una suave melodía mezclándose con el embriagador perfume de las flores que se encontraban dispuestas en cestos repartidas por toda la estancia.

El niño estaba de pie, pensativo, en el centro de la habitación... se giró al ver a su padre y sonrió.

- ¿Qué estás pensando, hijo mío? - Preguntó acercándose -. ¿Estás feliz que sea tu cumpleaños? - Dijo besando su mejilla.

El niño estrechó la mano de su padre y le dio un largo beso empapado de lágrimas.

- ¡Hijo! ¿Que tienes? ¿Sientes algo? - Preguntó con aprensión.

Zeid, sin decir nada, posó sus grandes y húmedos ojos en los de su padre y, de repente, se arrojó en sus brazos.

- ¡Hijo, me asustas! - Exclamó angustiado, como si intuyera que algo grave estaba por suceder.

- Papá, papá - sollozó, estoy feliz de tenerte aquí a mi lado, pero sería tan bueno que mami... - no pudo terminar la frase porque las lágrimas le habían ahogado la voz.

Celmo lo abrazó contra su pecho.

- No llores, hijito; me duele verte tan triste. Ya eres un hombrecito y necesitas entender muchas cosas. Sé fuerte, hijo mío, y sigamos sin debilitarnos. ¡Alá es tan bueno y debemos darle gracias por mantenernos esta familia generosa que nos acoge tan festivamente!

- Perdóname, papi - dijo el niño recuperándose de la enorme tristeza que había invadido su alma.

Ambos permanecieron en silencio durante mucho tiempo, abrazándose, como si sus almas sufrientes se fundieran en una sola emoción.

Los pensamientos de Zeid iban muy lejos.

Ahora estaba en el pasado lejano y revivía los días con su madre. Se acordaba de ella, sí. Todas las noches, al acostarse, sentía el aroma del cuerpo de su madre arrullando sus sueños de infancia...

Cuántas veces se despertó bañado en lágrimas de anhelo, no podría decirlo. Luego pidió a Alá por el regreso de su madre. Su pequeño corazón nunca había podido entender por qué ella se había ido para siempre, dejándolos a su suerte. Recordó al hermano que tanto había querido y que también ya no estaba. Se sintió extremadamente amargado.

La mañana parecía interminable. Lamura esperaba impaciente hasta las primeras horas de la tarde, cuando llegarían los invitados trayendo consigo la alegría natural de la juventud.

Estaba preocupada por la actitud de su nieto, ya que lo había visto pensativo y distante toda la mañana.

Celmo le había contado a Lamura lo sucedido con su hijo y ella ahora intentaba ocultar las lágrimas de su yerno para no ponerlo aun más aprensivo.

El corazón de su abuela sabía desde hacía mucho tiempo del sufrimiento de su nieto, pero ni siquiera su excesivo cariño hacia él había podido sanar el dolor de su corazoncito.

Tratando de alegrar el ambiente, habló y gesticuló, quitando a su nieto y a Celmo la tristeza que los había invadido.

La llegada de los primeros invitados acabó con las preocupaciones de todos de una vez por todas y pronto las risas y el alboroto de los niños dieron paso a las risas y la alegría de los mayores también.

Todos hablaban de los últimos acontecimientos de la ciudad: deportes y juegos propios de la época.

Alguien propuso que al día siguiente, cuando se celebrara la victoria de los Juegos Olímpicos, se organizara una carrera en el lago. La carrera terminaría con premios para los ganadores. Con la aprobación de todos, se nombró entonces un juez para presidir los juegos.

Sumándose al entusiasmo general, Celmo y su hijo se apuntaron a la gran carrera prometiendo que serían los ganadores. Zeid se regocijó de satisfacción. Competiría junto a su padre. La fiesta se prolongó durante toda la tarde.

Después que se fue el último huésped, Maíra, la esclava de Lamura, esperó a que acostara al niño. Fue a buscarlo al jardín, cuando ya las primeras estrellas titilaban en el cielo. Estaba sentado en una banca de piedra cerca de la fuente. Agitó lentamente sus manitas en el agua fría, mientras sus labios rosados, cantaron una elegante melodía árabe. Maíra lo aplaudió con entusiasmo.

- ¿Estabas allí? - Preguntó poniéndose rojo.

- Nunca imaginé que pudieras cantar tan bien - respondió ella, acercándose y levantándolo en sus brazos - ¡qué hermosa melodía! Ahora entremos.

En su habitación, después de vestirlo y acostarlo, se sentó en el suelo y le cantó hasta que se durmiera.

- Duerme, duerme - pidió suavemente -. Mañana jugarás un poco más y verás qué lindos regalos recibiste.

- Buenas noches, Maíra - dijo el niño, ya adormilado, mientras le pedía que siguiera cantando - Canta... canta para mí, Maíra... canta...

El día amaneció hermoso. El cielo azul intenso invitaba incluso a salir a correr por el lago.

Aunque no se sentía bien, Celmo acompañó a su hijo. No quería decepcionarlo.

Una vez allí, tomaron sus lugares.

Selma los había seguido. Había apostado a Zeid a que vencería a su padre en las competiciones.

Había tanta gente allí que el ruido de los niños se mezclaba con los silbatos y tambores.

Los hombres nadaban en la parte más profunda del lago y los niños en el lado opuesto, en la parte menos profunda. Justo antes de empezar a preparar la salida, Celmo comentó:

- Estoy un poco mareado. Tengo miedo que esas nubes me vuelvan a atacar ahora mismo.

-El médico le prohibió las emociones fuertes. Quizás sea mejor darse por vencido.

- Todavía hay tiempo - respondió con visible preocupación en sus ojos.

- No, creo que pasará pronto. Además no estaré solo, bromeó tratando de disipar la preocupación, tú estarás a mi lado. Así que vámonos a la otra orilla, la carrera está por comenzar. Dame tu brazo - dijo alegremente.

Había gran movimiento, mucha música y banderas coloreaban los árboles, sacudidas por el viento cálido, que soplaba esa mañana.

- Papá - le gritó su hijo desde el otro lado del banco -. ¡Buena suerte! - Celmo saludó a su hijo sonriendo y se arrojó al agua. La carrera comenzó.

Habían nadado unos minutos cuando Celmo se sintió mal. De repente el mareo aumentó. Todo el lago parecía estar en movimiento. Celmo había perdido la cuenta de todo. Ya no podía mantenerse encima del agua, ahora en la parte más profunda y peligrosa.

Los compañeros que estaban a su lado no notaron nada, pues, en su afán de ganar, cada uno se cuidaba.

Alguien desde el margen gritó:

- Mira, se sintió mal... ¡no sabía nadar!

Unos niños se arrojaron al lago para ayudarle.

Selma, desesperada, reconoció a su cuñado y gritó pidiendo ayuda. La corriente lo alejaba cada vez más de la orilla, dificultando llegar hasta él.

- Perdió el conocimiento - gritaba la gente - poniendo en apuros a quienes intentaban salvarlo. Fue entonces que el niño, corriendo entre la hierba y rodeando el lago, se arrojó al agua en un intento de acercarse al cuerpo de su padre que flotaba en la profunda superficie del agua.

En su desesperación por salvar a Celmo, nadie se dio cuenta cuando éste, impulsado por el amor a su padre, su único activo, se arrojó al lago.

Solo más tarde, mientras sacaban a Celmo del agua y lo tendían sobre el pasto, alguien gritó que había otro cuerpo flotando en el agua.

Un terrible presentimiento hizo que Selma corriera allí.

Su dolor fue enorme cuando se topó con el cuerpo de su sobrino, inanimado en los brazos de uno de los deportistas.

Aferrándose a él, sacudió desesperadamente su cuerpo sin vida.

- Es inútil - le dijo el joven. - El padre vivirá, pero el hijo ya está muerto.

- No, no, no – gritó Selma, alucinando –. Es demasiado, gran Alá, es demasiado. ¿Qué hicimos para sufrir tanto? - Gritó entre sollozos, aferrándose al cuerpecito de su sobrino.

Llevada por una amiga, ahora pensaba en el dolor de Celmo, quien, aun inconsciente, no se había enterado de la desgracia que acababa de ocurrir en sus vidas.

Pero, atraído por los gritos de su cuñada, Celmo giró la cabeza y vio el cuerpo de su hijo en brazos de desconocidos.

- Ánimo – dijo alguien.

Celmo comprendió de pronto todo.

- ¿Es mi hijo... es mi hijo al que se llevan... muerto? - Preguntó angustiado.

- Alá sabe lo que hace - fue la respuesta a su pregunta.

Un grito de dolor escapó de su pecho. Y de nuevo todo se volvió oscuro a su alrededor.

En la casa de Lamura reinaba la desolación.

Más de una vez la desgracia había golpeado a esa familia, pero ahora les había quitado la única alegría que les quedaba en la vida. ¡Una nueva desgracia!

Habían transcurrido quince días entre el dolor de la pérdida de su querido nieto y la inexplicable enfermedad que había afectado a Celmo.

El médico que estaba junto a su cama estaba preocupado.

No había recuperado la vista desde el incidente en el lago.

A pesar de la extrema debilidad en la que se encontraba, sintió que debía luchar contra el destino implacable que había marcado para siempre su vida. Esa mañana, el médico llamó a Lamura y le dijo que ya no recuperaría la visión, pero que era necesario que no lo supiera, de lo contrario su estado podría empeorar. Lamura sintió que el corazón se le hundía en el pecho, pero estaba decidida a asegurarse que su yerno no renunciara a vivir. Ella y Selma estarían allí, a su lado, y serían la luz de sus ojos, ahora sumergidos en la más profunda oscuridad.

Los días fueron pasando y poco a poco Celmo empezó a reequilibrar su cuerpo, superando la debilidad que se había instalado en él desde la muerte de su hijo.

A veces se levantaba, apoyado por sus amigos, y se sentaba junto a las acacias, permaneciendo allí durante largas horas, en silencio.

Otras veces, en la terraza, se reunían él, Selma y Kara para hablar.

Selma profesaba una extraña religión que a los ojos de Celmo resultaba muy reconfortante.

La joven habló del amor al prójimo, de la renuncia, del perdón y sobre todo de la supervivencia del alma en un mundo mejor que la Tierra.

Finalmente encontró respuestas a sus dudas y absorbió con entusiasmo las sabias palabras de su cuñada.

-Una buena acción, y cualquier cosa que haga sonreír de alegría a otra persona, mi querido Celmo, hará que Alá nos recompense con alegría también a nosotros.

Selma le habló de Mahoma, el gran profeta que, como Jesucristo, creía que los niños eran los mejores guías hacia el Reino de los Cielos.

- Debemos tener el alma limpia de las impurezas del orgullo y la desafección. Miremos a los niños pequeños que no distinguen entre posiciones sociales y pueblos. Nuestro corazón debe poseer la inocencia de los pequeños para que podamos comprender el significado del amor a Dios y al prójimo.

Celmo guardó en su corazón las palabras de Selma con indescriptible cariño y recordó que en sus viajes había oído hablar del cristianismo.

Sabía que, incluso en secreto, el cristianismo tenía muchos seguidores.

Eran hombres y mujeres sedientos de luz y esperanza. La mayoría eran personas con una vida muy sencilla, pero que parecían tener un tesoro inmenso en el corazón. Había oído hablar de la enigmática figura de Jesucristo, el profeta que había pronunciado el Sermón de la Montaña.

Jesús habló del perdón de las ofensas y del inmenso amor que debemos tener hacia quienes nos hacen sufrir.

Celmo ahora entendió muy bien lo que Jesús quería decir cuando dijo que la felicidad no se encontraría en este mundo.

Selma le contó detalles sobre las prédicas del Maestro Jesús, y él, deseoso de saber, escuchó atentamente, tratando de inculcar en su espíritu todas aquellas maravillosas enseñanzas que tanto bien hacían a su alma.

Y, en ese ambiente religioso, pasaban horas hablando; sin embargo, la extrema debilidad hizo que su corazón no resistiera mucho más y, tras unos meses de vivir en la casa de Lamura, partió hacia el llamado mundo de los muertos.

¡En una isla ahora lejana, en la corteza terrestre, quedaron tres almas tristes y sufrientes!

Lamura, Kara y Selma, cada una elevando un pensamiento diferente a Alá, en memoria de ese ser querido fallecido.

De aquel ser que supo soportarlo todo y perdonarlo todo por un sentimiento que existe latente en todos nosotros: el amor.

Parte II

Capítulo XVIII

"En el espacio infinito, perdido entre un mundo y otro...
Una Luz salvadora."

Sin conocimiento de mi verdadera situación en el mundo espiritual, vagué durante mucho tiempo, sin darme cuenta de mi ausencia del cuerpo carnal.

Caminé por las calles de la ciudad, sumergido en la oscuridad y, aunque forcé mi memoria, no pude entender lo que estaba pasando.

¿Podría ser víctima de alguna pesadilla? Siempre caminaba.

En busca de qué, no lo sabía. Sentí la necesidad de estar siempre caminando en esa inmensa oscuridad.

Después de tanto sufrimiento y ya muy cansado, intenté palpar el suelo con las manos en busca de algún lugar seguro donde apoyarme, pero no encontré nada. El suelo pareció desaparecer bajo mis pies. Me sentí asustado. Ese fenómeno inexplicable me había impresionado mucho.

La sensación era que unas manos fuertes lo levantaban. Por más que lo intenté, no pude encontrar el suelo. Sin embargo, me quedé de pie sobre él, escuchando ruidos de la calle, risas, susurros, lo que aumentó aun más mi terror.

Estaba consciente de lo que sucedía a mi lado, aunque no podía verlo. Lo que no podía entender era cómo había salido de la casa.

Recordaba perfectamente las amables palabras de mi familia, cuando sufrí el infarto, después de tantos meses de ceguera y de la extrema debilidad que se había apoderado de mí, pero ahora había entrado en esta inmensa pesadilla, de la cual no podía liberarme ni siquiera entender.

Fue entonces cuando recordé orar y pedir la protección de Alá. Creí que era víctima de un sueño y recé para que terminara. Quería despertarme, regresar a mi habitación. Sentirme seguro nuevamente entre aquellos a quienes amaba.

¡Por qué, ay! milagro, ¿no me habías acordado antes de orar? ¿Por qué soporté durante tanto tiempo esa oscuridad infinita, sin recordar el bien que nos hace la oración?

Todavía estaba en actitud de súplica, terminando mis últimas palabras, cuando una luz intensa, primero proveniente de lejos y luego muy cerca, se enfocó sobre mí a modo de una gran antorcha de fuego.

Fue entonces que escuché una voz de mujer que se acercaba a mí:

- Aquí está nuestro hermano.

Y volviendo el rostro hacia los que la seguían, ordenó con firmeza, pero con amabilidad:

- Métanlo en el coche inmediatamente.

Me quedé asombrado. Nunca había visto una figura más hermosa en toda mi vida. La expresión angelical de su rostro, enmarcada por un fino cabello color nieve y su suave mirada, revelaban toda la bondad que existía en su corazón.

Quería hablar con ella, pero no pude. Lágrimas del fondo de mi corazón brotaron de mis ojos.

- Se acabó tu sufrimiento, hermano mío. Ahora cierra los ojos y descansa. Nuestro hermano Simón te dará pases magnéticos, eso te consolará - dijo dulcemente mientras acariciaba suavemente mi frente.

Llevado, como un niño, por dos hombres que se acercaban, vestidos con una túnica muy blanca, me colocaron en una especie de camilla.

Entonces, un anciano de cara amigable se me acercó diciendo:

- Cierra los ojos, hijo mío, y trata de no pensar en nada más.

Una sensación de muerte se apoderó de todo mi ser. Me sentí ligero y cómodo.

Aun sintiendo esta maravillosa sensación, me conducían hacia una especie de carro que se encontraba a unos pasos de mí.

A los pocos minutos me quedé dormido.

Cuando finalmente me desperté más tarde, estaba acostado boca arriba en una habitación grande.

Sábanas muy blancas cubrían parte de mi cuerpo y esa sensación embriagadora aun persistía en todo mi ser.

¡Podía ver de nuevo! Estaba feliz por eso.

Luego comencé a examinar las habitaciones en detalle. Del techo azul claro colgaban candelabros hechos de algún tipo de cristal, mostrando velas de colores oscuros. Un gran ventanal dejaba entrar una suave brisa que acariciaba mi cuerpo. A mi lado, muy cerca de la cama, una mesita con una jarra de agua clara y un vaso. Las paredes, de colores claros y apacibles, tenían en el centro un dispositivo circular, que luego supe que servía para monitorear el estado general del paciente allí instalado. Ni siquiera había terminado mis preguntas sobre cómo terminé allí, cuando se abrió la puerta y entró una enfermera sonriéndome.

- Veo que ya estás despierto – dijo sentándose en el borde de mi cama.

Estaba a punto de preguntarle cómo llegué a ese lugar, cuando ella, adivinando mis pensamientos, aclaró con una sonrisa.

- Por ahora no hay preguntas, no te preocupes, en cuanto Sor Marina te examine responderemos a todas tus dudas.

Luego me tomó el pulso y los contó. Después de un tiempo, dijo:

- Esta todo bien. No te preocupes. Se lo haré saber a nuestra hermana y volveré pronto.

Se fue dejando la puerta entreabierta.

Me perdí en mil conjeturas. ¿Quién era esa hermana Marina de la que había hablado con tanto respeto? ¿Dónde estaban los miembros de mi familia? ¿Por qué ya no estaban junto a mi cama?

Todavía estaba pensando, cuando la joven regresó trayendo a una señora de rostro amable, la misma que había visto aparecer en esa intensa luz, horas antes.

Se detuvo junto a mi cama y colocó sobre la mesa un portapapeles que sostenía en sus manos. Colocó su mano derecha sobre mi cabeza y después de unos segundos sonrió satisfecha.

- Nuestro hermano Celmo pronto estará completamente recuperado - y, volviéndose hacia la enfermera, le dijo:

- Trae al médico y también a Simón, su cuerpo todavía está debilitado.

La joven se fue amablemente.

Tenía muchas preguntas que hacer, pero recordando las recomendaciones de la enfermera, pensé que sería prudente permanecer en silencio por el momento. Al ver mi angustia, la señora dijo:

- No eres lo suficientemente fuerte para escuchar ciertas revelaciones. Quizás dentro de una semana pueda responder a todas tus preguntas. Basta, por ahora, con no cansarse trabajando la mente.

Estaba a punto de decirle algo cuando regresó la enfermera, acompañada de dos caballeros igualmente vestidos con esa túnica blanca.

- Nuestro hermano necesita ser examinado - les dijo. Y volviéndose hacia mí, me explicó, señalando al anciano que me miraba sonriendo:

- Este es Simón, uno de nuestros eficientes colaboradores - El anciano me extendió suavemente la mano.

- Ya nos conocimos, ¿recuerdas?

- Sí - tartamudeé, conmovido.

- Éste - prosiguió la señora, señalando al otro hombre que estaba a su lado - es nuestro médico Juan Francisco. Sigue exactamente lo que te dice y pronto te recuperarás.

El médico sonrió y le dijo a la enfermera que quitara la sábana que cubría mi cuerpo. Luego, mirando con atención, tomó notas en el portapapeles que estaba al lado de mi cama.

- Fíjate, Simón - dijo - cuán gravemente está afectada la región del cerebro. Mirar también el corazón en qué estado se encuentra, debido al maltrato de nuestro paciente.

Y volviéndose hacia sor Marina, preguntó:

- Puedes hacer preparar un caldo reconstituyente para el paciente y tú, Simón, enciende el dispositivo que registra los pensamientos y monitorea el progreso de Celmo esta semana.

Posando sus ojos claros en los míos, algo sorprendido, intentó aclarar:

- No te preocupes. Te recuperarás, pero para que tengamos éxito, deberás cooperar con nosotros en tu recuperación.

- ¿Ya se lo has dicho? - Preguntó, mirando a la hermana Marina.

- Todavía no - respondió ella -. Esperaba que lo comprobara primero. Algunos pacientes no pueden resistir y caen en una profunda depresión moral.

- Sí - dijo el médico - pero el historial de Celmo nos muestra que podrá resistir muy bien la revelación.

Yo; sin embargo, seguí esa conversación con cierto temor. ¿Estaba padeciendo alguna enfermedad incurable?

El doctor continuó, volviendo sus suaves ojos hacia mí.

- Celmo, estás en un hospital, cerca de la corteza terrestre. Nuestra hermana Marina te encontró ayer en las regiones oscuras.

Escuché con los ojos muy abiertos, sin entender lo que el médico intentaba explicar. Simón se adelantó y puso su mano derecha en mi frente.

Una sensación de ligereza me invadió.

- Tu expediente - prosiguió Juan Francisco - indica que permaneciste en esa región después de dejar el cuerpo físico. Me sobresalté.

- ¿Entonces estoy muerto? - Pregunté sentándome ágilmente en la cama. El médico sonrió complacido.

- Cálmate y descansa tu cuerpo nuevamente si quieres escuchar la narración.

Al verme cómodo, sin por ello dejar de asustarse y arrepentirse, prosiguió:

- No creemos que estés muerto, porque yo y todos los que estamos aquí vivimos, no nos consideramos como tales. Dejaste el cuerpo físico hace exactamente cinco meses y medio en la Tierra. Eso es lo que indica su expediente. Estás en un hospital donde te devolveremos la vida. Para una verdadera vida espiritual.

- ¿Entonces morí? - Pregunté incrédulo.

- No insistas en esta frase - dijo la hermana Marina.

- Perdón. Lo lamento. No puedo entender...

Y las lágrimas, reprimidas hasta entonces, corrieron copiosamente por mis mejillas. La hermana Marina abrazó mi cabeza contra su pecho como si fuera un niño.

- Llora, hermano; desahogar las lágrimas contenidas. Las lágrimas te harán bien. Más tarde comprenderás lo que ahora no puedes. Simón te ministrará sus recursos magnéticos, tan pronto como hayas bebido el caldo reconstituyente.

Y como una madre entregada, me secó las lágrimas, apoyando nuevamente mi cabeza en la almohada.

- Simón permanecerá a tu lado por unos momentos. Descansa, por favor.

Y salió de la habitación cerrando la puerta tras de sí. Momentos después, entró una enfermera trayendo un plato de caldo vigoroso que bebí con mucho gusto.

Me sentí mejor y comencé a pensar con más claridad.

Simón fijó su mirada en el dispositivo conectado que estaba incrustado en la pared y, cuando se volvió hacia mí, su expresión era de satisfacción.

- ¿Cómo? ¿Entonces ese dispositivo registró mis pensamientos? - Pensé.

El amable anciano pareció entender lo que había en mi alma.

- Sí, hijo, allí quedarán registradas las reacciones de tus pensamientos. Es como un libro abierto para nosotros.

- Pero entonces...

Simón, sin embargo, no me dejó terminar la frase que comencé.

- No tengas miedo, hijo. Es solo para el médico y personas afines, directamente involucradas a tu caso que estudiamos tus pensamientos para gestionar mejor su tratamiento. Ahora intenta dormir. Voy a darte una medicina saludable.

Y tomándola del cántaro, llenó el vaso con aquella agua clara.

- Bebe esta agua fría y cierra los ojos. Dormirás mucho para que podamos fortalecer tu cuerpo.

Una ligera somnolencia me invadió cuando terminé de sorber el líquido. Poniendo sus manos en mi cabeza, Simón me dio pases que me hicieron dormir durante largas horas.

Capítulo XIX

"Del hermano Juan Francisco..."

Una tenue luz penetró en la habitación cuando desperté. Al principio pensé que todo era un sueño y que estaba en casa de mi familia. Instintivamente mis ojos buscaron la pared y vieron el dispositivo.

¿Entonces era verdad? ¿Me encontré en una ciudad espiritual y realmente había abandonado mi cuerpo material? Me acordé de Kara y recordé nuestras largas conversaciones sobre la vida espiritual. ¡Dios mío! La vida continuó como estaba en la Tierra. ¡Estaba vivo, respiraba, sentía, podía llorar, reír y volver a ver!

Intenté levantarme, pero una repentina debilidad se apoderó de mi cuerpo. Sentí como si me hubiera emborrachado.

Volví a la cama. Toqué con curiosidad la sábana que estaba en mi cama y pude ver que era igual a las telas que se encuentran en la Tierra...

Voces provenientes del pasillo llegaron a mis oídos y con natural curiosidad me tranquilicé para escuchar mejor:

- La pobre está desde hace mucho tiempo a nuestro cuidado - dijo uno de ellos. No creo que dure más en este estado. Tenemos fe en que todo saldrá bien.

- Un caso así es doloroso - respondió otra voz -. ¡No puedo creer que haya abandonado su cuerpo hace tantos años! El Ministerio, ¿no puede hacer nada para aliviar su dolor?

- Sor Marina intentará analizar el caso hoy, pero para ello necesitará la colaboración del Ministerio.

- ¿En qué sentido?

- El caso será estudiado hasta el más mínimo detalle junto con el staff de Regreso al Pasado.

En este punto de la conversación, alguien más se acercó apresuradamente.

- Nazaré, Sor Marina necesita tu presencia urgente en las cámaras de recuperación.

Mientras ambas se alejaban, la puerta de mi habitación se abrió y entró una enfermera sonriente:

- ¡Buen día! - Me dijo -. ¿Cómo has pasado la noche?

- Creo que dormí mucho – respondí, tratando de ser amigable -. Me siento muy dispuesto y esperando escuchar la opinión del médico.

La enfermera se acercó al aparato colgado en la pared y, mientras tomaba notas, intentó conocer mis impresiones al momento de conocer mi nueva condición de vida.

Con cada respuesta miraba el dispositivo y tomaba notas que no podía entender.

- Hiciste progresos sorprendentes en los dos días posteriores a tu ingreso en este hospital - dijo, acercándose a la cama. - son raros los pacientes que hacen esto. Muchos de los que llegan aquí tardan días en entender que han abandonado el cuerpo físico. Son difíciles, cómo decirlo, rebeldes, añadió sonriendo. Fuiste un ejemplo vivo de lo que les cuento. Ante la sorpresa y la duda, les llevó meses adaptarse a esta vida.

- Hasta hace poco me asaltaban las dudas - le dije -, pero por casualidad escuché la conversación de la hermana en mi puerta y rápidamente comprendí que no debía temer. Ahora creo que estoy en un mundo espiritual, pero siempre pensé que sabría cuándo llegaría la muerte. Eso es lo que no puedo entender. ¿Cómo ha ocurrido?

- Fuiste fue encontrado en una región sufrida - dijo la enfermera -. Yo ayudé a traerte aquí.

Posando sus ojos claros en los míos, dijo amablemente:

- Se lo diré a la hermana Marina y, en cuanto esté libre, vendrá a verte - Cuando llegó a la puerta, se volvió y dijo:

- ¡Oh! Sí. Me olvidé de contarte. El hermano Juan Francisco, nuestro médico, vendrá a verte para aclarar algunas dudas.

Cuando la enfermera se fue, comencé a imaginar qué iba a preguntar. Era natural que me sintiera inquieto. Como espíritu, imaginé poder regresar al mío y finalmente saber dónde estaba Sarah. Pensé en mis hijos, mi madre y mi padre que me habían precedido en la muerte. ¿Por qué no estaban allí para recibirme? En realidad, había tantas preguntas que no sabía por dónde empezar.

En unos instantes, el médico entró en la habitación, con rostro tranquilo y amable.

Cuando, después de terminar su examen, dijo que estaba a mi disposición para preguntas, rápidamente le pregunté:

- Mi madre, ¿por qué no viene a visitarme si, como yo, es espíritu? - El médico fijó sus ojos en mi rostro y, después de unos momentos de reflexión, dijo:

- Tu madre no vive en esta Colonia. Habita otra ciudad espiritual - Asombrado por la respuesta, pregunté:

- Pero entonces, ¿hay otras ciudades además de la que estoy?

- Sí, varias. Esto no es una ciudad, sino una aldea de recuperación para pacientes que han llegado recientemente de la Tierra y no necesitan mucho tiempo en las zonas umbral.

- ¿Un pueblo con un hospital?

- Un pueblo con varios departamentos - prosiguió el médico. - Tenemos trescientas casas.

- ¿Trescientas? - Me sentí atormentado -. ¿Son todas para los enfermos?

- No, no son casas para enfermos, sino para uso de los asistentes de aquí. Además de este hospital, que cuenta con mil camas, hay un templo donde cada tarde rezamos nuestras oraciones, con aquellos pacientes que ya están en el camino de la recuperación. Existe un área de recreación para los pacientes, ubicada en la parte trasera del edificio del hospital, que cuenta con un encantador bosque.

- Estos pacientes - pregunté - cuando se recuperan, ¿a dónde van, ya que este pueblo es solo para los asistentes?

- Algunos se quedan aquí mismo en el hospital, trabajando con nosotros, otros son asignados a otras misiones, para su propio beneficio. Y muchos son los que se quedan por voluntad propia, adquiriendo, con el tiempo, permiso para construir sus casas en el pueblo.

Intrigado y a la vez asombrado, pregunté:

- ¿Y cómo se construyen las casas aquí? ¿Es como en la Tierra, también hay trabajo?

- Trabajo... aquí no falta trabajo - sonrió complacido -. En cuanto te sientas con más fuerzas, irás conmigo a visitar el pueblo, a unos kilómetros de distancia. Verás que contamos con edificios sencillos pero cómodos.

También visitaremos nuestros centros de trabajo donde tendrás la oportunidad de apreciar lo que unas manos femeninas y delicadas pueden hacer en beneficio de la comunidad. Entonces llegará el momento de comprender que la vida aquí es más bella que en la Tierra. Verás que en Vila Marina, incluso los niños tienen un trabajo importante que hacer con los pacientes de este hospital.

- ¡Es extraordinario! - Exclamé -. Sin embargo, cuando recordé las palabras del médico sobre el trabajo de los niños, me invadió la angustia. Recordé las figuras de mis dos hijos. ¿Dónde estarían? ¿Por qué no me permitieron verlos?

Juan Francisco, notando mi angustia interior, me tocó la frente diciendo:

- Abstente de pensamientos tristes si deseas una recuperación inmediata. Verás a los tuyos tan pronto como estés restablecido y se te permita. Por ahora será necesaria que la soledad te haga compañía para que puedas valorar mejor tu vida. Debes aprender a no dejarte vencer por pensamientos tristes y frenar tu añoranza por las personas ausentes.

- Sarah, mi esposa – tartamudeé -. Quería saber de ella.

- No dejes que los recuerdos inútiles te dominen - respondió el médico -. Sarah pertenece al mundo terrenal y por ahora nada de lo que concierne a la Tierra deberías ser recordado por ti, que todavía estás muy debilitado espiritualmente.

Al ver que mi malestar iba en aumento, Juan Francisco pidió a la enfermera que me pusiera una inyección, compuesta de un líquido verde, a la que llamó inyección de buen ánimo.

A los pocos minutos comencé a sentirme más tranquilo y poco a poco me fui quedando dormido, sintiendo aun esa agradable sensación de bienestar en mi alma.

Capítulo XX

"Mi primer viaje a Vila Marina..."

Después de muchos días de tratamiento intensivo, me sentía completamente recuperado, lo suficientemente fuerte como para finalmente salir del hospital y visitar Vila Marina.

Sostenido por el brazo del médico, me levanté de la cama y pude contemplar, desde mi ventana, la belleza que había en aquel inmenso jardín que rodeaba el hospital. Aspiré el aroma de las flores que se abrían coloridamente, esparcidas por cada rincón del jardín. Fue realmente un espectáculo maravilloso.

- Caminemos un poco - me dijo el médico, apenas pasamos la puerta de mis habitaciones -. El sol de la mañana te sentará bien.

Mientras caminaba observaba con curiosidad aquel hospital. Caminamos por amplios pasillos donde nos saludaban rostros sonrientes, diciendo palabras de aliento para mi recuperación a medida que avanzábamos.

Al notar mi asombro ante tal hospitalidad, Juan Francisco dio un paso al frente:

- Nota que todos aquí tienen la alegría escrita en sus caras. Aquí no cultivamos la tristeza. Intentamos vivir con alegría cada minuto de nuestra existencia. Buscamos, sobre todo, transmitir este sentimiento a todo aquel que vive con nosotros.

Me quedé atónito por lo que escuché. Justo cuando estaba a punto de preguntar más, llegamos al final del pasillo. El médico, señalando una puerta, continuó:

- Esperemos el ascensor - Al darse cuenta de mi asombro, continuó:

- Ascensor, sí. Él todavía es un desconocido para ti. Se trata de un dispositivo, digamos, impulsado por motores que nos facilita el paso de un piso a otro, acortando así nuestros pasos y el tiempo que nos llevaría bajar las escaleras.

- Ahí está. No pasó mucho tiempo.

La puerta se abrió dando paso a dos chicas que rápidamente abandonaron el pequeño cubículo.

Todo me resultaba extraño. Todo era nuevo y diferente. Entramos y luego de presionar unos botones instalados en una de las paredes, la puerta se cerró y el dispositivo comenzó a descender lentamente.

Juan Francisco, tratando de cambiar el rumbo de mis pensamientos intrigados, dijo:

- Las jóvenes que acaban de llegar son enfermeras dedicadas de otra Colonia espiritual. Están aquí por trabajo. El tío de una de ellas vino aquí la semana pasada y la sobrina, que le tiene mucho cariño, pidió permiso para seguir su tratamiento. Ella quiere que cuando él despierte, pueda verla a su lado.

- ¿Y la otra joven? - Pregunté interesado -. ¿Es también familiar del paciente?

- No. La otra joven era su hija en una vida pasada y también se le permitió ayudarlo a su llegada. Desde que Cláudio, así se llama, llegó aquí, está bajo el efecto de pases magnéticos y total vigilancia por parte de ambas jóvenes.

El ascensor se detuvo. La puerta se abrió.

- Esta es la planta baja - dijo Juan Francisco -. Aquí los pacientes suelen venir a tomar el Sol por la mañana. Observa cómo está completamente abierto.

En efecto. Noté que todo el piso estaba abierto, un solo bloque sostenía los pisos superiores mediante enormes columnas que recordaban mucho a los edificios romanos.

Desde el frente del edificio había una avenida rodeada de flores que desaparecía en la distancia. Dispuestos a lo largo del parque florido, había numerosas bancas, de mármol muy blanco, como invitando al descanso.

Realmente era un paisaje muy agradable. Juan Francisco continuó sus explicaciones:

- Toda esta zona está rodeada por un grueso muro protector, protegiendo así a nuestra aldea de los ataques enemigos.

- Pero - reflexioné - ¿este hospital no está destinado a la recuperación de los desencarnados?

- Claro, pero no todo el mundo quiere curarse. Los que aquí recogemos son aquellas criaturas arrepentidas que desean aprender de nosotros la manera correcta de sanar su dolor. La mayoría de las veces quieren curación, pero no renovación interior. Prefieren permanecer arraigados en el mal, todavía cultivan el odio en sus corazones. Por eso tenemos esta vigilancia. Tenemos entidades de todo tipo a nuestro alrededor.

- ¿Como demonios? - Concluí entendiendo lo que quería decir el médico.

- Sí - prosiguió -, porque parten de allí y cuando llegan aquí siguen con el mismo propósito mental. Las criaturas crean su propio paisaje mental y viven con él durante mucho tiempo.

- Sabia lección - exclamé -. Nunca la olvidaré.

No puedo describir lo que sentí en ese momento, pero era algo que no sabía. En ese momento tenía el firme propósito de regenerar mi ser interior, cueste lo que cueste. El médico, adivinando mis pensamientos, me dirigió una mirada de aprobación.

Ahora caminábamos por un sendero estrecho.

Finalmente nos detuvimos frente a un edificio rodeado de parterres de fragantes lirios que parecían pequeños cristales que irradiaban luz propia.

- Este es nuestro Templo. Por la tarde podrás conocerlo. Decimos nuestras oraciones todas las tardes y hay un pequeño grupo de personas que dan charlas. Estas conferencias satisfacen las necesidades de quienes vienen aquí en busca de paz para sus corazones.

- ¿Son muchos? - Pregunté.

- Los enfermos que pueden levantarse de la cama suelen venir a rezar con nosotros, pero también vienen a diario algunas familias del pueblo.

Y continuó su explicación:

- Después de las oraciones, cantamos himnos de alabanza a Jesús, siempre con la colaboración de sor Rosita, que nos acompaña al piano. También hay un coro de niños. Son treinta niños que, cuando cantan los himnos, nos hacen sentir la presencia de Jesús vibrando en nuestras oraciones. En este momento podemos percibir las emanaciones que caen desde arriba sobre nuestras cabezas, elevando aun más nuestros pensamientos. Quedé deslumbrado por todo lo que escuché.

- Eso es todo por hoy - dijo el doctor -, ya es suficiente. Mañana podrás volver a salir y ver el resto del pueblo. Más tarde, por la noche, nos reuniremos para orar, luego verás a algunos miembros de nuestra comunidad y tendrás la oportunidad de conocer a muchos de nuestros enfermos y también hacerte amigo de algunos de ellos. Esto te hará mucho bien, ya que la amistad es algo que nos trae felicidad cuando se basa en el deseo de ayuda mutua.

Ahora estábamos nuevamente frente al hospital y sentí un toque de tristeza por tener que abandonar esa edificante conversación. Me despedí afectuosamente del médico y me dirigí a mi habitación. Había una paz enorme en mi corazón. Sabía que ahora todo sería diferente en mi vida. Sentí que la felicidad que había soñado estaba a mi alcance. Lo único que tenía que hacer era querer ser feliz y encontraría mi equilibrio espiritual allí, en ese lugar de paz y oración.

Miré nuevamente por la ventana los inmensos jardines, tan verdes que sería imposible describirlos. Respiré profundamente ese aroma a flores que penetraba en mis fosas nasales que me deleitan. Me recosté en las almohadas y me quedé allí durante largas horas recordando toda la conversación que tuve con Juan Francisco.

Capítulo XXI

"La visita al templo de las oraciones..."

La tarde había transcurrido lentamente, más aun debido a mi ansiedad por conocer el trabajo de oración nocturna en el templo.

Faltando cinco minutos para las cuatro, llegó Juan Francisco.

Cuando lo vi, mi corazón palpitó de satisfacción.

Casi no hablamos de camino al templo. El médico mantuvo una actitud silenciosa que yo respeté.

Cuando entramos en el salón, me invadió una oleada de bienestar. La asamblea estaba llena de gente, algunas más perturbadas, que mostraban su dolor en sus rostros tristes. Mi corazón se hundió cuando vi ese espectáculo conmovedor.

Desde lo alto del techo, frente a nosotros, colgaban páginas de varias Escrituras. No entendí el significado de aquellos papeles, y Juan Francisco, notando mi interés, me explicó, después de instalarnos en nuestros lugares.

- Lo que observas son los Evangelio de cuatro espíritus que vivieron en la Tierra. La hermana Marina guarda las Escrituras para iluminar a los hermanos que vienen aquí. A menudo le pide a alguien que los lea y luego haga comentarios. Esta es una forma muy peculiar de enseñar, que aprecio mucho. Muchos de los hermanos que pasaron por aquí se convirtieron en excelentes oradores y hoy enseñan en escuelas cercanas, donde hay muchos aprendices necesitados de la palabra del Padre.

En ese momento entró sor Marina acompañada de Simón y otras tres personas que aun no conocía.

Juan Francisco, acercándose, explicó:

- La primera es la hermana Rosita, y los demás son Nicanor y mi asistente Pedro, un joven trabajador y muy amable.

Una suave melodía se escuchó por toda la habitación. Sor Marina, que hasta entonces había permanecido silenciosa, se levantó y se dirigió a los presentes y habló con voz dulce:

- Hoy es un día de celebración en el Hogar de la Serenidad, una Colonia espiritual cercana a nuestro pueblo. Esta comunidad celebra hoy un hito más en su existencia, siempre a favor del bienestar de la comunidad.

Muchos de nuestros asiduos colaboradores se encuentran hoy allí contribuyendo a los trabajos de conmemoración de esta significativa fecha, que es motivo de alegría.

Sin embargo, nosotros, que no pudimos abandonar nuestros puestos, enviamos desde este templo de amor y comprensión nuestro afectuoso abrazo a todos los que trabajan en esa Colonia para que el Hogar de la Serenidad continúe en su servicio desinteresado de apoyar a sus enfermos. Poco después de las siete, todos sintonizaremos nuestros dispositivos para escuchar las palabras del Gobernador.

También estaremos, inmediatamente después de las oraciones de esta noche, organizando una caravana formada por hermanos que se han esforzado en su recuperación, para visitar el Hogar de la Serenidad, la próxima semana. Será una visita muy fructífera, siempre buscando nuevas enseñanzas y oportunidades de servir.

Permaneció en silencio unos instantes y luego, volviendo hacia arriba sus ojos dulces y serenos, habló:

- Hermanos míos, oremos ahora y pidamos por todos aquellos que todavía están en la desesperación, en las tinieblas de la ignorancia... Oremos por aquellas almas rebeldes que no quieren nada más que experimentar el mal. Pidámosle a Jesús que derrame sus bendiciones sobre estas criaturas, haciendo sentir pronto la comprensión en sus corazones endurecidos... Oremos también por nuestros hermanos que se encuentran en las cámaras de recuperación, pidiéndoles la medicina saludable, la comprensión de su verdadera condición en este plano espiritual. Que tengan la bendición de nuestro Padre Celestial...

La hermana Marina estaba ahora bañada por una suave luz que venía desde arriba.

- Padre Celestial, sostenlos dondequiera que estés, haz que tu bondad se extienda por todo lo que has creado y sobre nuestros hermanos desafortunados que aun se encuentran en zonas de sufrimiento. Haz que tu infinito y buen amor cobije esos corazones que sufren, llevándoles las luces necesarias para su mejoramiento. Sostén, Señor, a estas criaturas que se encuentran bajo los efectos de pases magnéticos para que ellas también comprendan su dolor, para que despierten de su sueño inquieto y puedan despertar a la verdadera vida, sin revueltas. Te pedimos, Señor, por igual para todos nosotros, para que tengamos la fuerza de caminar siempre por el camino del bien. Que se haga Tu Voluntad y no la nuestra, Señor, ¡que así sea!

Cuando terminó la oración, quedé asombrado al ver que una serie de nomeolvides caían desde arriba sobre nuestras cabezas y desaparecían al tocar nuestro cuerpo, como si penetraran en nuestro interior.

Sor Marina permaneció de pie, con los ojos cerrados y el rostro angelical. Un coro de voces infantiles empezó a cantar un himno:

"¡A mi amado Jesús te ofrezco esta flor! ¡A mi amado Jesús te ofrezco esta flor! Nuestra vida es hermosa Danos tu amor.

A mi amado Jesús, ofrezco mi dolor, A cambio de tu amor. Dame tu cruz,

Que en la Tierra llevaré, Y cerca de ti estaré. Oh mi amado Jesús."

La melodía cantada por esos pequeños me hizo llorar. Dejé ir las lágrimas. Juan Francisco me tocó ligeramente el brazo, haciéndome saber que me había entendido. Todo era rico en la presencia de Dios, desde el amor hasta la comprensión. Allí mi alma podría ser lavada con las lágrimas del anhelo, mientras las manos caritativas y benditas del Padre Celestial las secarían con amor.

Permanecí unos segundos rodeado por la sensación de unas tiernas manos acariciando mi cabello. Poco a poco me recuperé de la emoción y las lágrimas se secaron en mi pecho dolorido.

Entonces fray Nicanor se levantó y, dando la vuelta al amplio salón, fue a los escritos en la pared.

- ¿Hay alguien que quiera preguntar algo? - Dijo. Mientras todos permanecían en silencio, él continuó:

- Entonces volvamos a la conferencia. Hoy invito al hermano Januário a leernos las Escrituras.

Todos los rostros se volvieron hacia la figura de un anciano de aspecto cansado que estaba sentado a mi lado.

- Pero... pero... ¿yo? - Él dudó.

-Vamos, Januário - dijo sor Marina -. Todos tenemos que empezar algún día, dijo con una sonrisa en los labios, mientras le entregaba el libro. Levantándose, apoyado por Nicanor, Januário se dirigió a la mesa para la lectura y la conferencia.

- Leerá el Evangelio - dijo Juan Francisco - y luego intentará comentar lo leído con la ayuda de todos nosotros. Es trabajando que adquirimos conocimientos.

Observé todo con mucha atención.

Con la voz entrecortada, Januário leyó un pequeño fragmento del Evangelio que hablaba de la fe.

Poco a poco, Januário fue ganando confianza en sí mismo.

Con palabras sencillas y sencillas nos guio. Comentó sobre el poder de la fe. Recordó las palabras del Maestro cuando, en la Tierra, nos decía que la fe transporta montañas. Nos habló de una fe razonada, adquirida mediante el conocimiento, mediante la comprensión de las cosas.

Nos habló de la perseverancia en las cosas útiles, en el bien y en el amor. Nos dijo que las montañas que la fe quita son los obstáculos de nuestro camino terrenal y que solo a través de la fe en un futuro feliz podremos superar estos enormes obstáculos a nuestra evolución espiritual. Nos dijo que la fe es el apoyo en nuestras vidas, porque confiamos en él cada vez que la prueba se vuelve difícil y la carga demasiado pesada. Nos dijo que sin fe no seríamos nada, ya que no habría metas por las que luchar mientras estuviéramos en la carne...

Cuando terminó, su rostro estaba radiante de luz. Conmovido hasta las lágrimas, regresó a su asiento.

Luego los niños volvieron a cantar himnos de magnífica belleza, que nos hicieron meditar aun más sobre el valor de la fe y la oración.

El hermano Pedro, por invitación de la hermana Marina, pronunció la oración final.

Afuera, las estrellas salpicaban el firmamento con puntos luminosos, y la cálida y acogedora brisa nocturna arrullaba nuestros pensamientos.

Regresamos en silencio.

Juan Francisco, el amable amigo, comprendió mi reclusión. Ya en mi habitación, me arrodillé, postrado, bañado en lágrimas ante tanta belleza y bondad, y dirigí mis pensamientos a Él, en una oración que parecía más bien una petición de perdón.

Capítulo XXII

"El comienzo de mi nueva vida espiritual..."

Había pasado mucho tiempo desde mi llegada a aquel hospital de Vila Marina.

El anhelo por mi familia todavía me visitaba con frecuencia. No pude dominar este sentimiento que era tan profundo y al mismo tiempo tan aterrador para mi evolución espiritual.

Entonces la hermana Marina me llamó la atención, con energía. No podía seguir así en ese estado de ánimo. Fue entonces cuando me acordé de pedir trabajo. Aceptaría cualquier cosa que me sacara de ese estado de ánimo.

Solicité la colaboración de Juan Francisco una de las mañanas que vino a visitarme.

- Veremos qué se puede hacer por ti, muchacho. Hablaré con el Departamento de Trabajo sobre su caso. Confía en Jesús y todo estará bien.

Los días parecían infinitamente largos. Esperar la respuesta me puso ansioso.

Una mañana, el enfermero Nicanor apareció en mi habitación sonriendo.

- Celmo, vine a buscarte para que me acompañes al Departamento de Trabajo. Tu solicitud ha sido aceptada y podrás comenzar las tareas que se te asignaron tan pronto como te presentes a trabajar.

Me regocijé de satisfacción. Me vestí apresuradamente y salí con Nicanor.

Cruzamos una gran avenida durante un cuarto de hora. Finalmente, rodeado de robustos árboles, se encontraba el Departamento de Trabajo.

- Está ahí - me dijo -. Está en el primer piso.

Entramos. Varias personas iban y venían en todas direcciones. En pocos minutos nos encontramos en una gran sala, donde también esperaban otras personas para ser atendidas.

- Siéntate – dijo Nícanor -. Avisaré que hemos llegado y volveré pronto. Al salir Nicanor, comencé a observar a las personas que estaban allí. Un hombre hablaba en voz alta con una señora, que estaba a mi izquierda, sobre su hijo.

Dijo que había ido allí a pedir protección para su hijo primogénito que se encontraba en zonas de sufrimiento, ofreciendo su propio sacrificio por ello.

Otro dijo que estaba allí para buscar trabajo para su hermano que llevaba un mes descansando en casa.

En ese momento Nicanor regresó acompañado de una joven.

- Ella es Lúcia - me dijo presentándola -. Estarás a cargo de ella a partir de ahora -Lúcia, siempre sonriendo, me explicó:

- Nicanor me habló de tu caso. Después de atender a estas personas, el Gobernador te atenderá. Por favor sígueme ahora.

Dirigiéndose a Lucía, Nicanor dijo:

- Voy a buscar a Anita, para poder entregarle esta lista de peticiones que traigo conmigo, luego nos reuniremos en la sala de espera. ¿Estás bien, Celmo?

Asentí, sacudiendo la cabeza.

Seguí a la joven hasta el final del pasillo y entramos en una sala, donde estaban trabajando varias personas. Todo me recordó la Tierra. ¡Fue increíble!

- ¿Quieres ver el expediente de Celmo por mí? - Preguntó la chica al empleado que nos atendía amablemente.

A los pocos momentos regresó con un grueso libro en las manos. Lúcia lo cogió y me dijo:

- Ahora podemos regresar y esperar nuestro turno. La sala de espera estaba vacía.

- Espera aquí. Tan pronto como se abra la puerta, entrega esto al empleado - dijo señalando el libro, mientras salía de la habitación -. ¡Buena suerte, hermano Celmo!

Miré lo que tenía en mis manos. Ella había mencionado un expediente, pero lo que tenía en mis manos era un volumen extremadamente grande. Allí estaban escritos mi nombre, fecha de nacimiento, defunción, árbol genealógico... emocionado por lo que estaba leyendo, no escuché cuando me llamaron. De repente, un ligero toque en mi hombro me sobresaltó.

- Te toca a ti, hermano Celmo - dijo una joven de singular belleza -. Por favor entra.

Le pasé el libro en las manos y entré a la siguiente sala. Sentado detrás de una gran mesa de madera noble con detalles ricamente tallados, estaba un anciano de apariencia apacible y amigable que me señaló una silla frente a él para que me sentara.

Estaba nervioso. No sabía cómo dirigirme a un ser superior, pero el venerable señor, notando mi timidez, dijo:

- Bueno, veamos el caso. Siempre es una bendición de Jesús cuando encontramos criaturas dispuestas a realizar una obra que regenere el alma afligida. Nicanor me habló de tu caso, y también Juan Francisco.

Y posando sus ojos claros en los míos, preguntó:

- ¿Como te siente? ¿Más fuerte?

- Quiero, con la gracia del trabajo, sentirme fuerte - respondí brevemente -. Todavía estoy un poco confundido por los recuerdos.

El viejo sonrió:

- Es necesario que trabajemos incesantemente por nuestro progreso espiritual. Conozco tu deseo de regresar con tus seres queridos que todavía están en la Tierra, pero por ahora necesitarás quedarte aquí para aprender. Más tarde podrás ayudarlos. Por ahora, debes buscar tu mejora moral.

Durante mucho tiempo me miró a los ojos, como si escudriñara todo mi interior. Luego, hojeando un librito que estaba sobre la mesa, me dijo:

- Hay una vacante en el servicio de emergencia cerca de la corteza terrestre. Te quedarás en un equipo como aprendiz, pero tendrás la oportunidad de trabajar. ¡Al ayudar a los demás, te estarás ayudando a ti mismo!

Sacó una hoja de papel de un bloc y escribió algo.

- Dale esto a la hermana Marina. Ella sabrá que hacer contigo, muchacho. Felicidad y paz...

Radiante de alegría, ya que había logrado mi intención, me despedí agradecido.

Afuera, Nicanor me esperaba en la antesala.

- ¡Felicidades! - dijo al verme -. Por tu apariencia, no necesito preguntar nada. Ahora volvamos. ¡El trabajo nos espera!

Momentos sorprendentes. Recuerdo mi primer día de trabajo.

Sor Marina me había recomendado al líder de la caravana de los Samaritanos del Bien, el hermano Aparicio, un hombre alto, de aspecto muy tranquilo y una mirada dulce, que junto con sus veinte compañeros partirían más tarde esa misma noche, hacia la región de los necesitados.

Los buenos samaritanos vestían una túnica marrón, con una especie de gorro blanco. Parecían frailes.

Antes de partir para el trabajo nocturno, se reunieron y, en círculo, sobre la hierba, volvieron la vista hacia arriba y pidieron a Dios en una simple oración protección para el trabajo que iban a realizar.

Mi trabajo consistiría en ayudar a transportar a los pacientes, que todavía estaban ligados a la corteza terrestre, hasta las salas del hospital de Vila Marina.

Esperé a que me asignaran un asiento en el vehículo que nos acercaría a la corteza terrestre.

Era la primera vez que me encontraba con un medio de transporte así y me sentí un poco extraño por todo ello.

- Tú irás aquí, a mi lado - me dijo Aparicio -. Será mejor. De esta manera tendrás la oportunidad de aprender algo útil durante nuestro viaje.

Luego salté al vehículo, que pronto estaba en camino.

No caminamos. Volamos a más o menos dos metros del suelo. Fue una sensación muy agradable para mí, ya que hasta entonces desconocía por completo ese mundo totalmente nuevo e intrigante.

Fijé mis ojos en la parte trasera del vehículo donde se alojaban los demás compañeros de viaje y vi un dispositivo luminoso con una superficie pulida como de metal.

Adivinando mis pensamientos, Aparicio explicó:

- Esto es un foco. Lo usaremos si es necesario, en lugares donde no haya suficiente luz, como en acantilados y en lo más profundo de montañas. Puede generar su propia luz y es muy útil en nuestras misiones.

- No entiendo - pregunté interesado -. ¿Encontraremos siquiera hermanos necesitados en estos lugares?

- Aquí es donde más encontramos a los hermanos que necesitan nuestra ayuda.

- ¡Increíble! - Me quedé asombrado -. Nunca imaginaba esta posibilidad. Es la primera vez que salgo de Vila Marina.

- Encontrarás muchas cosas útiles para aprender en esta primera noche de trabajo. Entiendo tu sorpresa... Yo también, cuando llegué aquí, me sorprendí con cada misión. Solo con el tiempo me fui acostumbrando a esta nueva vida y las sorpresas que tenía en cada momento. Esto es natural, ya que llevamos dentro de nosotros mismos la convicción que con la muerte todo terminaría, se extinguiría.

- Pero lo que me sorprende es cómo vivimos en Vila Marina - respondí -. No ignoré por completo, mientras viví en la Tierra, que había otra vida después de la muerte, pero nunca logré especificar cómo sería...

Aparicio sonrió.

- Sí, mi querido Celmo. Ahí empiezan las sorpresas para nosotros.

Estábamos atravesando ahora una región que permitía ver un pico a lo lejos, a través de una atmósfera que cada minuto se hacía más densa, dificultando nuestro viaje.

El día ya estaba amaneciendo. Con gran dificultad pudimos ver los primeros rayos de Sol que intentaban atravesar débilmente la niebla que nos rodeaba. Todo parecía volverse cada vez más asfixiante.

- ¡Camaradas! ¡Estamos en la región de Pantano del Mal! Conecten las baterías y controlen las luces del camino hasta llegar a nuestro objetivo. Inmediatamente una ola de descargas eléctricas salió de todo el vehículo y un haz de luz barrió el camino por el que nos acercábamos.

¡Oh! ¡gran Dios! El espectáculo que pude observar me heló la sangre.

Inmediatamente pude ver seres monstruosos yendo y viniendo en todas direcciones, huyendo despavoridos al paso de nuestro vehículo. Intentaron esconderse rápidamente detrás de la vegetación que crecía al costado del camino.

Aparicio, comprendiendo mi angustia, explicó:

-Estamos atravesando ahora, mi buen Celmo, una zona donde se encuentran una gran variedad de espíritus asociados al mal. ¿Ves ese pico ahí arriba? Ahí es donde están los más feroces enemigos de Vila Marina. Son criaturas tan infelices que no quieren nada más que hacer el mal. Pasan día y noche vigilando el camino, buscando otro aliado para su congregación.

El asombro ante tal revelación me dejó sin palabras y solo con gran dificultad logré preguntar:

- Y... ¿pueden?

- Lamentablemente sí. La mayoría de los espíritus que pasan por estas zonas son grandes deudores y se someten, por ignorancia de las cosas del espíritu, a sus voluntades.

- ¡Dios mío! - Exclamé asombrado -. ¿Como eso es posible?

- Los pobres desgraciados no saben distinguir el bien del mal y, cuando mueren, no saben de la supervivencia del espíritu, convirtiéndose en presa fácil en manos de estos malhechores, por quienes debemos pedir la Divina Misericordia. Hace un rato, cuando encendimos los focos, se podía ver la verdad de mis palabras, observando verdaderos monstruos malvados a lo largo del camino.

- Sí - respondí -. Sin embargo, huyeron despavoridos, y ahora no hay rastro de ninguno de ellos en nuestro camino. ¿Por qué?

La expresión de Aparicio se volvió triste.

- Del miedo, querido, del miedo...

- ¿Cómo así? No sabía que seres así podían sentir miedo – concluí.

- Sin embargo, lo sienten. Las baterías son nuestras defensas y las descargas que presenciaste asustan a estas desafortunadas criaturas. Observemos ahora lo silencioso que está todo... ya nada perturba nuestro paso, pero si apagamos las pilas, inmediatamente sentiremos la actividad de estos malhechores.

- ¿De qué manera? - Pregunté ansiosamente:

- Nos atacarían sin piedad, con piedras... martillos...

- No lo puedo creer... ¡es increíble! Ni siquiera estaba lejos de imaginar que estas cosas existieran después de la muerte.

Me sentí atormentado e inmediatamente recordé el infierno del que tantas veces había oído hablar en la Tierra. Definitivamente estaba dentro de él, pensé ahora, cuando Aparicio continuó:

- Dante, cuando describió el infierno, debe haber estado aquí en espíritu y capturó toda esta impresión. Vio el sufrimiento de estas criaturas convertidas en maldad y las retrató de manera espectacular para que en la Tierra solo pudieran tener una pequeña visión de lo que son las zonas del Umbral.

Al ver el asombro reflejado en mis ojos, continuó:

- No, no te pongas así, amigo. Así como hay instituciones para el mal, también las hay para el bien. Incluso en la Tierra tenemos una muestra de lo que les cuento. Siempre hay buenos y malos en todas partes.

- ¡Pero aquí! - Exclamé:

Aparicio no me dejó terminar la frase.

- ¿Qué hay aquí sino la continuación de nuestra vida terrenal?

Me quedé callado, no necesitaba más explicaciones. Sentí en lo más profundo de mi ser que no hay transformaciones mágicas después de la muerte del cuerpo físico. Seguimos siendo lo que fuimos allí en la Tierra y traemos con nosotros el bien y el mal imbuidos en nuestro ser. En la Tierra todavía podremos ocultar nuestros instintos, demostrando a otros que somos lo que no somos, pero aquí... aquí emergen, se hacen visibles para todos. Esos rostros irradiaban maldad. Se convirtieron en monstruos, sus cuerpos ahora estaban retorcidos, mutilados, las heridas esparcidas por todas partes, sus voces eran gruñidos animales, una mezcla de lamento y tortura... ¡Ese espectáculo fue horrible! De repente, uno de los pasajeros del vehículo gritó:

- ¡Hermano Aparicio, mira allá entre las montañas! ¡Hay algo que avanza hacia nosotros!

Inmediatamente el foco se enfocó en el lugar indicado, y pude ver la figura de una mujer, con los brazos en alto, gritando pidiendo ayuda.

- ¡Enciende el dispositivo de grabación! - Ordenó nuestro instructor.

En la parte más baja del foco pude ver que había un pequeño dispositivo, como una radio, con varios botones.

Uno de los samaritanos movió uno de los botones y una pequeña mano osciló ligeramente. Luego de unos momentos, Aparicio habló:

- Podemos ir a ayudar a nuestra hermana. Prepárate para dejar el coche.

Inmediatamente, queriendo ser útil, me disponía a irme, cuando un samaritano gritó:

- No hagas eso, Celmo. ¡Es peligroso!

Sin entender, miré a Aparicio, buscando una explicación:

- Tiene razón, Celmo. No debemos exponernos a los malhechores sin protección.

- No entiendo - respondí -. Hay una hermana ahí pidiendo ayuda, puedo escuchar los sollozos desde aquí... ¿por qué no podemos ir a buscarla?

- Porque estamos en el Pantano del Mal y, si algún hermano quiere ayuda allí, están los malhechores que simplemente no aparecen por las pilas y las luces. Ir allí sin protección podría causarnos serios problemas. No olvides que estamos liberando a una desafortunada mujer que está atrapada en las garras de estos mismos malhechores.

Mientras esperaba que los samaritanos se prepararan para bajar, noté nuevamente el dial, que todavía estaba encendido.

Aparicio explicó:

- Es un dispositivo de registro de pensamientos, idéntico al del hospital de Vila Marina. Aquí su objetivo es saber dónde reside el verdadero arrepentimiento. Criaturas que quieren la medicina, pero no la cura, ¿entiendes? En estas zonas, los malvados llegan incluso a postrarse de rodillas, invocando el nombre del Señor, fingiendo pesar por no tenerlo, para atacarnos. Como puedes ver, hacemos el bien, pero nunca caminamos por el Pantano del Mal sin protección - Mirando a su alrededor, dijo:

- Podemos ir ahora.

Solo entonces me di cuenta que una banda de luz blanca, muy suave, delineaba nuestro camino hacia la pobre mujer.

Habían colocado una camilla afuera, esperando que la desafortunada criatura emergiera de la oscuridad.

Me acerqué a la mujer junto con Aparicio, quien le puso la mano derecha en la frente.

- ¿Por qué sigues llorando? ¿Tus oraciones no han sido escuchadas? - Dijo dulcemente.

La desafortunada mujer levantó la vista y rompió a llorar.

A una señal de Aparicio, un samaritano se apresuró a llevar a la paciente a la camilla.

- ¡Sácame de aquí! - Ella gimió -. ¡Sáquenme de aquí, de este infierno...! ¡Ay! Si Dios existe, quiero conocerlo... ya no puedo soportar este dolor en mi pecho... estos horribles monstruos me atormentan... ayúdenme, buenos mensajeros de Dios... ayúdenme...

Y los sollozos la sacudieron por todas partes.

Godofredo, uno de los samaritanos, le aplicó pases reparadores, mientras yo intentaba calmarla.

-¡Ay, Ay, Ay! ¡Dios mío! Ten piedad de mí... ayúdame ¡Oh! Allí vienen otra vez... ¡quieren matarme, sáquenme de aquí...! – Gritó desesperada cuando la llevaron al vehículo.

El espectáculo me dejó asombrado. La naturaleza allí era triste y un viento helado soplaba insistentemente silbando entre las rocas húmedas. Parecía como si el sol nunca hubiera estado allí, tal era la oscuridad. La voz de Aparicio me sacó del estado en el que me encontraba.

- Vamos, Celmo, nuestra misión está cumplida.

Seguí a Aparicio hasta el auto y una vez más, antes de subirme, miré ese paisaje oscuro. Me pareció ver sombras escondiéndose detrás de las rocas.

Una vez en el vehículo, agradecí a Jesús por su protección y por la oportunidad que se me dio. Aparicio entendió lo que me estaba pasando y me ayudó en oración.

En unos momentos salimos para Vila Marina con otra oveja de regreso a la casa del Señor.

Nuestro regreso fue silencioso para mí mientras intentaba comprender la grandeza de todo lo que había visto en mi primera misión con los samaritanos. Entre las líneas del sufrimiento que había presenciado, vi la mano divina reequilibrando a través del sufrimiento a sus hijos descarriados, preparándolos para la verdadera condición de hijos del Gran Padre, comprendí allí, al rescatar a aquella desventurada mujer, que nuestros males no son eternos. Que nunca seamos abandonados por el Gran Padre... que se nos den oportunidades de purgar nuestros errores encontrando en el bendito sufrimiento, que pule nuestra alma como un cuidadoso artesano, el camino del bien y del amor a los demás tantas veces olvidado por el hombre que vive solo de valores materiales.

Unas horas más tarde vimos Vila Marina. El Sol bañaba de luz los campos y la vista de las flores muy coloridas que salpicaban todo el camino hizo que mis pensamientos se dirigieran a esta nueva realidad de paz y seguridad.

Nada más llegar a Vila Marina llevamos a nuestra hermana a las cámaras de recuperación.

Aparicio le dio pases mientras el médico no llegaba.

Tumbada en una cómoda plataforma, aun inconsciente, la infortunada mujer fue examinada minutos después por Sebastián, el médico de esa sala.

El caso parecía grave y de inmediato no se podía hacer casi nada más que dejarla dormida por un tiempo, bajo el efecto saludable del magnetismo, hasta el momento en que pudiera despertar a la vida espiritual y comprender verdaderamente su nueva condición de desencarnada. De vez en cuando la paciente abría los ojos desmesuradamente, sin que; sin embargo, pareciera darse cuenta de nuestra presencia.

Al darse cuenta de mi curiosidad, Sebastián explicó:

- Pronto se calmará. Este gesto tuyo se debe a la acción de los pases. En unos minutos quedará completamente inconsciente.

Me di vuelta y comencé a observar aquel pabellón, al que por primera vez entraba. En la parte izquierda de aquel compartimento se alineaban filas y filas de camas, donde algunos enfermos movían los brazos y murmuraban cosas incoherentes, mientras que, en la parte donde estábamos nosotros, solo se disponían unas pocas plataformas y los hermanos, que yacían sobre ellos, parecían cadáveres, inmóviles.

- Ven conmigo, Celmo - dijo José, el asistente del médico -. Quiero mostrarte un caso que te resultará muy instructivo.

Acompañé a José por aquellas camas blanquísimas. Luego salimos a un pasillo que conectaba con la otra ala del hospital.

Nos detuvimos junto a una puerta entreabierta. Un mal olor provenía del interior, de donde salían gemidos alucinantes.

José abrió la puerta. Entramos en una pequeña habitación donde un anciano gemía y se enfurecía contra todo. Al vernos exclamó:

- ¡Hoy seguro que me vas a sacar de aquí...! ¡Lo prometiste...!

José se acercó a él.

- Traigo una visita. Habla un poco y deja las cosas desagradables a un lado...

- ¡No, no, no! - Dijo el paciente irritado - No quiero hablar... ¡Quiero salir de aquí!

Y al notar mi presencia, se dirigió a mí:

- ¡Vete...! ¡No quiero visitas...! ¿Viniste a ver el estado en el que estoy y... te vas... como hacen todos? ¡No quiero...! ¡No quiero...! - se llevó la mano a la cabeza, empezando a sollozar.

Me acerqué a él y le dije suavemente:

— Vine a ayudarte, amigo mío. No deseo hacerte daño.

Mirándome con los ojos muy abiertos, intentó tomar mis manos, exclamando:

— Entonces sácame de aquí... si eres mi amigo. ¿Sabes? Quieren que me quede aquí, porque saben... saben que la voy a matar, pero... ella se lo merece... se lo merece. Dios mío, ¿cuándo terminará todo esto?

— Tranquilo, hermano mío - le dijo José -. Confía en Dios y desea tu curación. Si sigues así, con estos pensamientos, creo que no podrás levantarte de esta cama pronto.

— ¡Oh, nadie me ayudará! Y estos monstruos... ¿por qué me persiguen? Me atormentan día y noche... sáquenme de aquí... oh... oh... oh... quiero volver, quiero verla - dijo el anciano, comenzando a llorar convulsivamente.

José asintió con la cabeza en señal de comprensión.

— Está bien. Saquémoslo de aquí. Entonces coopera con nosotros y ayúdanos en oración.

Y poniendo su mano derecha sobre la frente del anciano, continuó:

— Dilo conmigo: Dios mío...

Y entre sollozos el viejo repitió:

— Dios mío...

— Haz tu luz...

— Hacer... con... qué...

Y así, palabra a palabra de aquella sentida oración, el paciente repitió hasta que el sueño cerró sus ojos, calmándolo. Pude así, una vez más, observar el maravilloso efecto que produce la oración. Cuando salimos de la habitación, explicó José:

— Este hermano nuestro se encuentra aislado de los demás debido a las alucinaciones que sufre frecuentemente. Él cree que está vivo y solo quiere vengarse de la esposa que arruinó su existencia, obligándolo a terminar el resto de sus días físicos pidiendo caridad pública. Dejó el cuerpo físico con el firme propósito de asesinarla y aun mantener esos pensamientos aquí en nuestro plan. No puede olvidar ni perdonar...

- Y las alucinaciones - pregunté -, ¿cómo se explican?

- Con la inferioridad de sus pensamientos, atrajo a su lado, otras entidades que están en sintonía con él, pero que lo maltrataron mientras permaneció en el Umbral. Incluso aquí todavía tiene la impresión que lo están persiguiendo. Los pensamientos, Celmo, son puertas abiertas al cielo o al infierno. Y nuestro pobre hermano cultivó demasiado la idea del mal cuando planeó vengarse de su esposa. Ahora sufre las consecuencias de su odio hacia quien arruinó su vida material. Cuando llegó aquí, se sometió a un tratamiento magnético para recuperar sus fuerzas y, en cuanto se sintió más fuerte, empezó a recordar su existencia terrenal y... a blasfemar.

Fue entonces necesario que lo sacaran de la sala, ya que su actitud perjudicaba a los demás pacientes.

Así, aislado, se sentirá mejor y, con suerte, pronto comprenderá la inutilidad de su propósito.

- ¿No sería mejor que supiera de su condición de desencarnado? - Consulté -. Quizás así sea su recuperación...

Me interrumpió José, algo triste:

- Puedes ver claramente que todavía eres nuevo aquí en las cámaras de recuperación. Si intentáramos decirle que ya dejó el cuerpo físico, no nos creerían y quizás perderíamos todo el trabajo ya realizado hasta ahora.

- No entiendo - exclamé.

- Nuestro hermano está muy alejado de Jesús y desconoce que podría haber otra vida además de la material, si le contamos ahora su estado podría caer en un sueño profundo, dificultando aun más nuestra acción benéfica.

- ¡Oh! Sí, ahora lo entiendo. Primero deberá estar preparado y luego comprender lo que le sucedió.

- ¡Exactamente! Primero tendrá que aceptar a Jesús en su corazón y perdonar. Las otras cosas se irán añadiendo con el tiempo, ¿entiendes? Son como niños, estos pacientes nuestros. Nosotros necesitamos tener paciencia. A veces incluso inventan alguna piadosa mentira para sortear determinada situación que les beneficiará. Con el tiempo, Celmo, aprenderás a tratar con ellos y a conocer sus verdaderas necesidades.

- Eso es lo que espero - concluí -, porque lo único que quiero es servir.

Cruzamos el patio florido del hospital, donde varias enfermeras apoyaban a los pacientes y caminaban lentamente con ellos por los jardines.

Recordé la primera vez que salí de mi habitación, del brazo afectuoso de Juan Francisco, y me emocioné hasta las lágrimas. José al darse cuenta de lo que había en mi alma, dijo:

- Bueno, Celmo, no pienses en cosas tristes. Sonríe a estos que estamos en el camino hacia la recuperación. Dales ánimo y coraje.

Entonces recordé una vez más la gran enseñanza del Señor: "*Amaos los unos a los otros...*" y, mientras caminaba en silencio hacia mi habitación, observé con alegría la franca recuperación de aquellas almas que, como yo, comenzaban a comprender. Ahora el maravilloso mundo de la espiritualidad.

Capítulo XXIII

"Buscando comprensión y esclarecimiento de nuestros dolores, avanzamos en nuestra evolución..."

Conforme pasó el tiempo, aprendí más y más, y mientras me concentraba en ayudar a mis hermanos en el sufrimiento, me olvidé por completo de mi caso personal. Casi a diario íbamos al "Pantano del Mal" en busca de aquellos pobres desgraciados, ansiosos por su liberación.

Me había acostumbrado al trabajo y aprendí a conocer mejor a mis hermanos menos iluminados, percibiendo, a través de sus vibraciones, sus verdaderas intenciones.

Siempre salíamos temprano en la mañana. Curioso, pregunté a los samaritanos por qué se había fijado este tiempo.

- En este momento, Celmo, la Tierra está dormida y las mentes de los encarnados no emiten vibraciones tan inferiores, lo que en cierta manera facilita nuestro trabajo.

- No puedo entender por qué la vibración de los seres encarnados podría perjudicar nuestro trabajo aquí en espiritualidad - respondí -. ¿No están nuestros mundos separados, distanciados?

- En cierto modo podríamos decir que sí, pero a las regiones cercanas a la corteza terrestre llegan los pensamientos de la mente humana y viceversa, ya que los pensamientos del hombre son como el dial de una radio. Capta todas las vibraciones del espacio, las buenas y las malas.

¿Puedes comprender ahora por qué es necesario que evitemos semejante interferencia?

- El acto de orar y vigilar nuestros pensamientos - prosiguió -, son los únicos medios que tenemos, tanto encarnados como desencarnados, de mantenernos en sintonía con las más altas esferas de la espiritualidad, porque, cuando nos centramos solo y solo en los problemas comunes del mundo material, centrados en la búsqueda frenética de los bienes de la materia y la felicidad efímera provocada por el sentimiento de posesión, el orgullo, los celos y la envidia, nos ponemos a merced de la influencia de las zonas inferiores de la espiritualidad, y sabemos amigo mío, entonces somos guiados casi enteramente por estos hermanitos que se complacen en nuestra derrota espiritual.

La oración, mi querido Celmo, es la única arma eficaz con la que podemos protegernos del mal que nos rodea en cada momento. En nuestras Colonias espirituales, este recurso es constante en nuestras almas; sin embargo, en la Tierra, nuestros hermanos aun no se han dado cuenta de la importancia que tiene en sus vidas y en su evolución. Si los hombres pudieran comprender la magnitud que alcanza su alma cuando están en verdadera oración, todo se vería de otra manera. Digo, amigo, en la verdadera oración, ya que los hombres aun no han logrado comprender el significado de la oración. De hecho, solo piden cosas para su bienestar, haciendo del acto de rezar una letanía de lamentaciones y peticiones absurdas a cambio de oraciones, velas o lo que sea.

Orar es sintonizarnos con el Creador, reafirmar y pedir fuerza para seguir adelante con el compromiso de cumplir dignamente nuestra misión en la Tierra. No debemos pedir nada, realmente no necesitamos pedir nada porque Dios, nuestro Padre, lo sabe todo y provee para cada uno según su necesidad en el momento justo y preciso.

Simplemente deberíamos estar agradecidos, siempre agradecidos, incluso cuando todo parece oscuro y sin solución. Las dificultades que se ponen en nuestro camino. Son, de hecho, la escalera luminosa que conducirá a la evolución de nuestras almas tan deudoras.

— Los hombres casi no saben rezar — concluí. Aparicio me dio una palmada en el hombro:

— Entonces pongámonos a trabajar, querido.

Esa tarde, más de una vez fui llamado a las habitaciones para observar el comportamiento de pacientes que, aun dormidos, oscilaban entre la realidad de la desencarnación y la ilusión de permanecer todavía en el cuerpo material.

A cada señal de mejora, corría con alegría, anotando lo sucedido en la tableta colocada al lado de cada cama.

El día transcurrió entre la calma interior que ahora sentía y la alegría de poder sentirme útil a mis hermanos.

Por la tarde, después de la oración siempre bienvenida y reconfortante, me retiré exhausto. El descanso era necesario para mí, porque pronto, cuando amaneciera, estaría nuevamente en compañía de los samaritanos en otro viaje de rescate y aprendizaje.

Aquella tarde, me encontré sentado frente a la mesa de Sor Marina, en el templo, escuchando con el corazón lleno de celebración el himno de alabanza a Jesús, cantado por los niños de la Colonia. Flores muy pequeñas bailaban en la habitación, deslizándose sobre nuestras cabezas y desmoronándose en el aire.

La felicidad que experimenté fue enorme. Sin poder contenerme, lágrimas de alegría cayeron de mis ojos mientras la maravillosa oración en forma de canción llenaba mi corazón de renovada esperanza.

"Jesús, nuestro Divino amigo, vuelve tus benditos ojos

Y la luz que en ellos existe Comparte con nosotros...

¡Apoyados en tu amor, Avanzamos!

En tu glorioso nombre, haremos que el odio, el Amor...

De la desgracia, la felicidad, De las lágrimas, la risa.

¡Jesús! ¡Jesús!

Bajo la lámpara de luz de tu amor tejeremos el manto de la felicidad."

Al terminar la canción, sor Marina, levantándose, caminó hacia el lugar donde yo me encontraba.

Sentí que mi corazón latía más rápido cuando ella se acercó a mí, porque supe, cuando la bondadosa hermana posó sus ojos muy claros en los míos, que hoy sería el día en que finalmente sería elegido para comentar el Evangelio esa noche. Me levanté y miré al público, cuyos rostros estaban vueltos hacia mí, esperando que mis palabras les brindaran algo de alivio.

Había rostros abatidos, almas desesperadas como lo fui yo cuando entré por primera vez a ese espacio de oración.

- No sé qué decirte - comencé alisándome el cabello - porque, como tú, también soy una persona que busca luz y enseñanzas en este templo. También viví en la Tierra y cometí muchos errores. La bondad de nuestro Padre Celestial quiso que mi alma, una vez sufrida, llegara por manos caritativas a este lugar bendito de amor y cariño creado por nuestro mentor espiritual que acoge a los viajeros cansados, como una fuente de agua fresca y cristalina, esperando nuestras bocas sedientas.

¿Qué puedo decirles, amigos míos?

Sería mejor si nuestra hermana Marina nos iluminara con sus sublimes enseñanzas de amor, perdón y renuncia. Sin embargo, todo aquel que tiene un fuerte deseo de vencer en su corazón debe luchar por su mejora espiritual y yo sería injusto conmigo mismo si no intentara enseñar, decirles lo poco que ya he aprendido y hablarles de lo mucho que juntos aun nos queda por aprender, olvidando las ofensas sufridas y perdonando a nuestros enemigos para que algún día podamos alcanzar la meta que tanto anhelamos, que es la perfección de nuestras almas.

Y es mediante el sufrimiento, como todos sufrimos en la carne mientras estamos encarnados, que redimimos nuestras deudas con los errores del pasado. Es perdonando a quienes nos hicieron sufrir que alcanzaremos la meta que nos llevará a las moradas divinas. Es trabajando exhaustivamente por nuestros hermanos, en el deseo de sacarlos de la ignorancia en la que se encuentran, que podremos aclarar nuestros espíritus también embrutecidos, haciéndonos claros como el cristal que brilla lanzando sus rayos luminosos en la oscuridad, mostrando a todos el camino a seguir.

Aprendamos todos con buena voluntad, olvidando nuestro propio dolor y dedicándonos solo a aliviar el dolor de los demás, porque solo así entenderemos el significado del amor a los demás. Arremanguémonos, hermanos, y trabajemos por el bien de los que aun no han tenido la felicidad que tuvimos cuando llegamos aquí, donde los verdaderos amigos nos levantaron el ánimo decaído.

Olvidemos, sí, lo que quedó atrás, lejano en las cenizas de la tumba.

Trabajemos mientras se nos da la bendita oportunidad de hacer el bien y, cuando Dios nos conceda una nueva oportunidad en la carne, no olvidemos las enseñanzas aquí recibidas.

Recuerdo cuando llegué y me siento feliz que en este momento pueda estar aquí y, de alguna manera, serles útiles a todos ustedes. Nuestra hermana Marina me sacó de la densa oscuridad del Umbral y durante mucho tiempo permanecí hospitalizado, confundido, perdido entre recuerdos dolorosos de desencarnación que me parecieron interminables. Al principio tampoco entendí la urgente necesidad que todos tenemos de distanciarnos de los recuerdos de la materia y de los que amamos en la vida.

Los recuerdos iban y venían en mi mente aun debilitada, sacando a la superficie más sufrimiento y lágrimas de anhelo y arrepentimiento. No comprendí, envuelto en mi desesperación, que es necesario renunciar al deseo de estar junto a quienes quedaron en la Tierra y que aun claman por nosotros, de perdonar y olvidar el pasado, comenzando aquí una nueva vida. La desesperación invadió mi alma.

A este Templo de Oraciones también fui traído todas las tardes como ustedes, hermanos míos, y aquí escuché las palabras de mis amigos mentores quienes, con buena voluntad y extremo amor, poco a poco fueron aclarando las dudas e inquietudes de mi corazón. Recibí fluidos reparadores a través de las vibraciones magnéticas de los mentores de esta casa de oración, así como también los reciben todos los aquí presentes hoy. Y mis fuerzas fueron restablecidas paulatinamente, devolviéndome el equilibrio necesario para continuar mi trabajo evolutivo, que no terminó con la muerte del cuerpo físico.

Tiempo después sentí la necesidad de trabajar y, con el permiso del Padre Mayor, comencé mi trabajo con los necesitados que llamaban a las puertas del hospital de este pueblo. Fue entonces cuando aprendí mucho de lo que me faltaba. Conocí los dolores de los demás y olvidé los míos propios.

Ayudando a mis desafortunados compañeros, resolví mis problemas y, sobre todo, aprendí a amar a mis desafortunados hermanitos como si fueran parte de mi verdadera familia terrenal, a quienes amo mucho.

Todavía tengo mucho, mucho que aprender, pero lo poco que sé lo intento transmitir con la misma dulzura en las palabras con las que alguna vez me enseñaron.

En ese momento, mis ojos se llenaron de lágrimas, no de lágrimas de sufrimiento, sino de lágrimas de gratitud por encontrarme donde estaba ahora.

"Señor Dios de amor y bondad, nos diste entendimiento y te damos gracias por este crisol de luz que fue creado en nuestros corazones una vez tan endurecido por las pasiones, las adicciones y el sufrimiento.

Nos diste comprensión sincera de nuestra verdadera situación en este mundo espiritual.

Oremos; sin embargo, por aquellos que todavía se encuentran en una situación angustiosa. Misericordia para aquellos, Señor, que todavía permanecen en el mal, haz que una chispa de arrepentimiento, penetre en sus corazones surcados por el odio... Cuídalos y acepta, Padre, esta humilde oración como signo de reconocimiento por lo mucho que hemos recibido de Ti. ¡Oh! ¡Dios de bondad y amor!

Ayúdanos a no caer nuevamente en tentación. Que así sea."

Y abrumado por una inmensa emoción, me senté, sintiendo que una alegría infinita se apoderaba de mi ser.

Había conquistado otra etapa y estaba seguro que quienes estaban allí habían entendido mis sinceras palabras.

Me sentí apoyado por esos fluidos benéficos que emanaban por todo el templo, viniendo desde lo Alto.

Había sido maravilloso para mí poder hablar con los hermanos que estaban allí sobre las bellezas de la vida espiritual.

Capítulo XXIV

"A la tierra otra vez..."

Pasaron muchos días desde aquella noche donde finalmente puse a prueba mi corazón, recordando la vida terrenal, mientras hablaba en el templo de oración.

Involucrados en actividades cada vez más integrales, ya no había tiempo libre para que afloraran recuerdos del pasado.

Esa tarde, después de escuchar a los niños cantar, recibí una invitación de Sor Marina para acompañarla más tarde a su oficina.

Me despedí de los niños y me dirigí al hospital. Tenía muchas ganas de saber de qué se trataba. ¿Podría ser algo relacionado con mi servicio? Los pensamientos perturbaron mi mente con preguntas. Llamé suavemente a la puerta y entré. La hermana Marina estaba recostada en un sillón. Su mirada se perdió a través del gran ventanal que daba a un vasto jardín de flores.

- Siéntate aquí a mi lado – dijo nada más al verme -. La soledad a veces es mala compañía.

- ¿Cómo así? - Respondí.

- Me perdí en recuerdos inútiles, querido amigo. Como puedes ver, mi corazón también está lejos de aquí. Me abstengo de hablar, pero cuando estamos solos, los recuerdos a veces asaltan nuestro corazón.

Y volviendo hacia mí sus ojos clarísimos, prosiguió:

-Yo también, Celmo, tengo una vida espiritual sufrida. No es doloroso, porque en el trabajo encuentro el camino hacia mis seres queridos y el consuelo para los largos días que todavía tengo que esperar hasta ver a los seres queridos que quedaron en la Tierra.

¡Oh! Como me gustaría tenerlos aquí a mi lado. Sin embargo, la Tierra es una escuela bendita a la que todos deben asistir.

Pero ya he dicho basta, ahora vayamos a tu caso, amigo. Mañana partiré hacia nuestro planeta con un equipo de socorro. Visitaré a familiares que necesitan nuestra cooperación urgente. Si quieres seguirnos, puedes aprovechar para visitar a tu familia.

Sorprendido, asombrado, la miré. Podría haberlo imaginado todo, menos que Sor Marina me permitiría acompañarla en el viaje a la Tierra y además con la posibilidad de volver a ver a mi familia.

Las lágrimas brotaron de mis ojos mientras besaba sus delicadas manos en señal de respeto y profunda gratitud por la oportunidad tan esperada.

- Yo... yo... ¿visitar a los míos...? ¡Gracias, hermana Marina, gracias!

- A mí no, Celmo, sino a Jesús, por darte fuerzas para que no sucumbieras a la desesperación cuando llegaste aquí. Solo a Él debes agradecer la felicidad que sientes. ¿Ves? Trabajaste para tu propio beneficio y obtuviste la recompensa deseada. Regresas a tu hogar terrenal, no como sufriente, sino como vencedor, para finalmente ayudar a los necesitados. Ve ahora, amigo mío, y ora, agradeciendo a Jesús por este momento de alegría.

Me levanté feliz, mientras las lágrimas inundaban mis mejillas. Corrí como un niño a mi habitación y de rodillas agradecí a Jesús por toda la alegría indescriptible de ese momento.

Apenas pude descansar durante la noche, tal era mi emoción por los acontecimientos del día siguiente.

Apenas amaneció nos reunimos en el patio del hospital, mientras sor Marina daba las últimas instrucciones a los asistentes que permanecerían en nuestra Villa.

Estaría ausente varios días y ahora dejaba a Nicanor a cargo del buen funcionamiento del hospital. Finalmente, después de despedirnos, nos fuimos. No pude ocultar la emoción que sentí.

Al cabo de unas horas penetramos en la corteza terrestre. Densas nubes envolvieron la ahora pesada atmósfera. El vehículo que usábamos corría rápidamente a través de las densas nubes.

- Ahí está la Tierra - dijo sor Marina, cuando vimos un puntito perdido en el espacio. Estamos llegando. Te dejo en el camino - dijo volviéndose hacia mí -. Hijo mío, no te dejes dominar por las emociones – dijo amablemente. Ella tomó mi mano entre las suyas.

- Si lo necesitas, pide ayuda - dijo Estácio en tono de broma, mientras señalaba a Juan Francisco, sentado a mi lado.

- Realmente no es momento de bromear - dijo sor Marina -. Es posible que nuestro Celmo realmente necesite ayuda.

Entregándome un objeto circular reflejado, dijo:

- Si necesitas nuestra ayuda, simplemente llámanos y estaremos a tu lado.

- Pero yo...

- Solo concéntrate y ora. La ayuda será inmediata, hijo mío. Ahora ve y que Dios te acompañe.

El vehículo estacionó frente a una casa antigua. Salté rápidamente, despidiéndome de todos. Seguí allí durante mucho tiempo observando cómo la caravana se alejaba a lo lejos.

Finalmente miré hacia atrás y miré esa dirección. No sabía con certeza qué encontraría, pero Sor Marina me había advertido que mi misión sería en esa residencia. El resto lo sabría más tarde, había dicho afectuosamente.

Entré por la puerta. La espaciosa habitación solo contenía una mesa y algunas sillas. Me tomé mi tiempo para ver esa habitación. Todo estaba en calma. ¿A quién encontraría allí? No sabía que sorpresas sentiría mi corazón, pero una enorme emoción comenzó a apoderarse de todo mi ser. Caminé unos pasos y fui a la siguiente habitación.

Había dos personas conversando. Los reconocí de inmediato.

Era Lamura, la bondadosa Lamura de mis días terrenales. Me lancé sobre su cuello y la besé emocionado. Me habían dicho que sentiría mi abrazo, mientras se pasaba las manos por el cuello, suspirando profundamente. Me di cuenta que los recuerdos asaltaban su alma. Selma, la hija pequeña de Lamura, de quien yo era cercano en ese momento, estaba preparando su comida y al notar la repentina emoción de su madre dijo:

- Espera un momento mami, quiero terminar tu comida.

- No, yo no tengo hambre. No deseo alimentarme ahora, hija mía. Ven a ayudarme. Solo quiero descansar.

Selma colocó la comida en el plato frente a la señora y dijo dulcemente:

- ¿Otra vez, mami? Me siento triste cuando te niegas a comer... vamos... solo un poquito...

- No hija, no quiero... me duelen mucho las piernas... quiero acostarme ahora... más tarde, quién sabe - dijo Lamura, tratando de agradecer.

Fue entonces cuando vi a Selma levantar a la noble dama en brazos como si fuera una niña y llevarla a su cama. Mi corazón se rompió. Lamura estaba paralizada. Aquella pobre alma que poseía tanta energía y fuerza ahora estaba paralizada. La imagen era realmente conmovedora. Sentí lágrimas correr por mi rostro al observar la dedicación de Selma por su madre, una vez una mujer vibrante, llena de vida, que transmitía toda su determinación a todos los que la rodeaban.

Después de tranquilizarla, se dirigió a la sala de estar. Se sentó y en oración silenciosa y triste pidió por la salud de su madre que, día tras día, perdía el encanto de vivir.

Me acerqué a Selma. Tenía los ojos húmedos. Intenté consolarla; sin embargo, la joven no percibió mis pensamientos de consuelo y aliento en su lucha.

Luego me acerqué a Lamura en sus habitaciones, tratando de transmitirle mis pensamientos. Ella pareció entenderme y, como presintiendo mi presencia, llamó a su hija más consolada:

-Selma, ven aquí.

- Si mamá...

- Quédate conmigo, hablemos un poco. Perdona a tu madre por el trabajo que ella te da, mi querida compañera...

- Mamá, no hables así – dijo la joven conmovida -. Sabes que eso no es lo que me molesta... Tenía tantas ganas de verte feliz... a pesar de tu enfermedad. ¿Por qué no me dejas llevarte a pasear de vez en cuando? No podrás vivir en la cama todo el tiempo...

- Hija - dijo la señora con el rostro luminoso. Mañana consentiré en salir contigo.

- Bravo, mami - dijo la niña exultante -. Así se dice. ¡Oh! Mamá, estoy feliz, muy feliz. Escucha, ¿por qué no vamos al pueblo y vemos a los pescadores regresar en sus barcos como solíamos hacer?

La niña habló con tanta alegría y emoción que no notó que los ojos de su madre se llenaban de lágrimas.

- No puedo, no puedo... - gimió la señora en su cama.

- ¡Oh! Bebé, ¿te puse triste? ¿Por qué no intentas hacerte a la idea que todo ha terminado? Pongamos fin a todo este sufrimiento. No podemos seguir viviendo de recuerdos que solo nos traen amarguras, lágrimas...

- Sabes que no puedo olvidar a mi hija - volvió a decir la señora, con amargura -. ¿Cómo se te ocurre volver al pueblo otra vez, si allí...?

- Continúa, mami – preguntó la niña -. Nunca dijiste el nombre, ¿por qué?

- Sufro con el recuerdo de todo... Selma; sin embargo - continuó enérgicamente:

- ¿Sufres por el recuerdo de Celmo, los niños, Sarah, papá? ¿Es eso, mami? Pero los muertos están en paz, mamá. Ten coraje y trata de superar esta tristeza. Un día estaremos todos juntos, un día en el que sabremos sufrir con paciencia, como Sarah sufre su desgracia.

Lamura escuchó a su hija, intentando reaccionar. Me sentí conmovido por el sufrimiento de una y la bondad y firmeza de la otra.

- Eso es, mamá... está siendo castigada con sus propias manos. No hay nada malo en los caminos de nuestras vidas. Somos nosotras las que trazamos nuestros caminos, madre mía. Buscamos el dolor y la alegría que nos acompañarán durante toda la vida...

- Pero ella es mi hija, como tú... y sufro sabiendo que ella está en total abandono y sufrimiento - interrumpió la señora.

- Sarah sabe lo que está haciendo. Ella tiene razón, mamá. Ella no aceptó volver porque en el fondo de su alma no quería hacerte sufrir aun más.

- Pero sufro mucho más así, sin saber qué será de su futuro... Mis días y pensamientos están todos centrados en ella, en sus actos irreflexivos y las amargas consecuencias que conllevaron...

- Mami - interrumpió la joven, sacudiendo ligeramente la cabeza -. No te canses... si Sarah regresara, estarías aun más triste al verla sufrir remordimientos por sus errores pasados. Ella eligió su destino y cree que así pagará sus errores. Y es verdad, Alá la perdonará si realmente sabe sufrir con resignación.

La pobre señora estalló en sollozos. Selma le acarició la frente.

- No te hagas daño con estos recuerdos. Si tu Sarah hubiera querido, habría vuelto con nosotros.

- Quizás no podría... No podría... - Sollozó Lamura. Entonces decidí intervenir, pero mis esfuerzos fueron en vano, porque no podía calmarla y su disnea aumentó, provocándole dolores en el pecho.

Recordé orar sosteniendo el objeto metálico en mis manos, concentrándome en la figura de Sor Marina.

Inmediatamente y ante mi asombro, el rostro de Sor Marina apareció en la superficie pulida del objeto. Luego pedí su licitación y le expliqué lo que había sucedido. Ella me informó que pediría ayuda en un puesto cercano y que pronto estaría disponible para mi paciente. Unos segundos más tarde, dos enfermeras entraron a la habitación y se presentaron.

Una de ellos, después de examinar a Lamura, fue en busca de hierbas medicinales. Poco después regresó llevando en sus manos un manojo de hierbas, que colocó en un recipiente metálico donde, después de hervir durante unos minutos, hizo compresas sobre el pecho de la señora. Lamura ya empezaba a mostrar signos de mejora. Su respiración se había calmado y la señora finalmente pudo descansar.

Sensibilizado, oré, agradecido a Dios por todo después de la partida de los emisarios desinteresados.

Apenas había terminado la oración cuando escuché la voz de Sor Marina, detrás de mí.

- Entonces, hijo mío, ¿está todo más tranquilo ahora?

- ¡Oh! Hermana Marina, qué feliz me siento al ver aliviado el sufrimiento de Lamura.

Miró a la paciente que ahora tenía un aspecto tranquilo y le acarició la frente con ternura.

- Vámonos entonces - dijo -. Ahora que todo está bien. No hay necesidad de detenerse aquí.

Me acerqué a Lamura y le di un beso en la frente. Ella se estremeció y sonrió feliz, medio dormida. La hermana Marina señaló:

- Sí, finalmente todo está bien.

Abracé a Selma con la ternura de un hermano agradecido y acompañé a sor Marina hasta el vehículo que estaba frente a la antigua casa.

- Hijo mío - volvió a hablar -, ¿todavía deseas continuar tu visita? ¿Todavía quieres ver a Sarah?

Asentí. Era lo que más quería.

- Muy bien. Allí te acompañaremos.

Capítulo XXV

"La incorpórea de Sarah…"

El vehículo atravesó las puertas de una ciudad árabe que conocía bien.

Me vinieron a la mente viejos recuerdos.

Fue allí, en esa vieja Mahaba, donde me había unido a Sarah hace tantos años, así que cuando el hermano Estácio me dijo que Sarah estaba en el hospital, los recuerdos revivieron mi mente, dejándome aniquilado.

- Hermana Marina, ¿quieres hacerme un favor? - Pregunté con tristeza en mi voz ahora ahogada -. Ayúdame. Los recuerdos dominan mi mente. No creo que tenga fuerzas para seguir, aunque es lo que más quiero en este momento.

- Ora, hijo mío, no hay mejor medicina que la oración cuando tu alma está corroída por recuerdos amargos.

Constreñido, pedí al Padre Mayor fuerzas suficientes para aquel reencuentro. Unos momentos más tarde, bajo el efecto benéfico de la oración y pases que sor Marina me había aplicado en la frente, estaba nuevamente listo para escuchar lo que ella tenía que decirme.

- Tu querida Sarah - comenzó -, solo tendrá una semana para vivir en la Tierra. Su sufrimiento físico terminará dentro de este período, amigo mío.

Nuestro amiga contrajo una grave enfermedad durante una epidemia que ocurrió en esta ciudad hace algún tiempo. Su cuerpo quedó debilitado y la enfermedad se apoderó de él causándole un enorme sufrimiento. Lleva mucho tiempo en este estado.

Recibe cuidados de manos caritativas, pero el consuelo que realmente necesita es espiritual.

Sus fuerzas se agotan día tras día y pronto estará de este lado, llevando en el alma las cicatrices que sufrió durante su existencia terrena. Es necesario ahora, querido amigo, que tus fuerzas y tus pensamientos se centren solo en ayudarla en este momento que es de crucial importancia para el equilibrio de nuestra hermana que agoniza en sus últimos momentos de reflexión y lapidación de su espíritu a través del dolor físico y moral. Jesús está con nosotros y junto a todos los que sufren. Así que ten suficiente fuerza para ayudarla.

Conmovidos por las sabias palabras de Sor Marina, entramos en la habitación donde estaba Sarah.

Un fuerte olor a medicinas emanaba de ese pequeño compartimento.

Tendida en una cama estaba aquella a quien tanto había amado. Mi primer pensamiento fue correr hacia ella y abrazarla, pero la hermana Marina, como si leyera mis pensamientos, me tomó de las manos pidiéndome que me calmara.

Conteniendo mi ansiedad, me limité a mirar de lejos aquel frágil cuerpo, envuelto en una atmósfera de dolor y sufrimiento. Poco quedaba de su radiante belleza. Las manos una vez autoritarias y firmes ahora estaban marchitas, extendidas a lo largo del cuerpo en una expresión de abandono. Tenía las mejillas hundidas, ya no tenían la frescura de la juventud. Su largo cabello negro ya no tenía el brillo que alguna vez tuvo. Solo sus ojos conservaban esa antigua expresión que no había cambiado en absoluto.

Sintiendo un dolor inmenso en mi pecho, un dolor que solo los que amaban mucho podían sentir, me acerqué lentamente a la cama y con ambas manos tomé la cabeza de mi amada y deposité un largo y emotivo beso en su frente que expresaba todos mis sentimientos. ternura por la que no supo entender mi amor.

Sarah pareció notar nuestra presencia y se debatió en la cama, respirando con dificultad. Aunque su corazón no entendía por qué estaba agitado. Los recuerdos de nuestros tiempos acudieron a su mente. Nuestros hijos, nosotros, nuestro pasado, su huida, sus desgracias, sus remordimientos, su abandono, todo salió a la superficie en su mente como un volcán dormido que siente la necesidad de explotar, arrojando su lava caliente en un intento de aliviar su ebullición.

- No... déjame... Tengo miedo... - dijo Sarah jadeando -. Has vuelto... has vuelto... no... no... no me dejas en paz... tengo miedo.

La enfermera se acercó a ella y le aplicó compresas frías en la frente afiebrada. Sor Marina al mismo tiempo le aplicó pases que, a los pocos minutos, la hicieron quedarse dormida.

- En unos días la volverás a tener a tu lado - me dijo mientras acariciaba las manos de Sarah, como si acariciara las manos de una hija querida. Por ahora no debemos molestar a nuestra hermanita con recuerdos que no serán beneficiosos en el momento.

Pronto regresaremos aquí para comenzar vuestra desconexión del cuerpo físico. Ten paciencia, Celmo. Permanecerás a su lado durante estos momentos para apoyarla hasta que regresemos. ¡Que Dios los proteja, hijo mío!

Dicho esto, la hermana Marina y su caravana abandonaron la habitación para partir hacia otra misión.

Luego me di vuelta y una vez más miré durante mucho tiempo ese frágil cuerpo sobre la cama.

¡Dios mío! ¿Por qué nuestros caminos se habían vuelto tan separados? Nuestros sueños, nuestros hijos, nuestras vidas, ¿qué pasó? ¿En qué momento de nuestras vidas dijimos adiós a la felicidad que tanto habíamos buscado y por la que habíamos luchado? En nombre del amor que sentíamos, habíamos enfrentado los prejuicios de Lamura, el abandono de aquellos que se decían nuestros amigos y tantas otras cosas, para después... solo ser incapaces de resistir nuestros propios sentimientos.

¡Oh! Si hubiera sabido en aquellos días lo que sé hoy... ¡Ah!, si hubiera sabido tener paciencia con los caprichos de Sarah, si hubiera tenido la sabiduría para comprender sus necesidades personales y ayudarla a superar las ansiedades naturales de quienes todavía no nos habían conocido... Pero, el pasado ahora estaba muy lejano de nosotros.

Nuestros errores, nuestras verdades personales se habían perdido en la distancia dejando solo el amargo sabor de la derrota en nuestros corazones.

Por dónde habían caminado aquellos pies delicados y apresurados, ni siquiera yo podría decirlo.

¿Cuánto tiempo fuiste feliz con mi hermano? ¿Cuántas noches lloraste el abandono de nuestros hijos? Y entonces... ¿dónde buscaste la efímera felicidad con la que soñabas?

Yo también me sentí culpable por tus desgracias. Mi alma se sintió angustiada, pues no había sabido compartir mis angustias con mi pareja, considerándolas infantiles y sin propósito. No había sabido cómo ayudarla a crecer en la vida. No había podido mostrarle el camino hacia la felicidad conmigo y con sus hijos que tanto necesitaban su presencia.

Una nube de tristeza invadió mi alma. Al darme cuenta que mis pensamientos hacían temblar a Sarah en la cama, inmediatamente traté de desviar mis recuerdos hacia eventos menos amargos.

Estaba dispuesto a ayudarla con su partida. Sería un hermano para ella, un verdadero amigo. Ahora entendía el significado del amor y mi corazón, aunque todavía guardaba recuerdos del sufrimiento que había pasado cuando estaba encarnado, había aprendido a perdonar, perdonar y amar mucho. Me senté junto a la cabecera de su cama y le acaricié el cabello mientras su agitado espíritu se preparaba para la gran partida.

La noche caía lentamente y las estrellas brillaban en el cielo embelleciendo ese momento que tanto había esperado.

Cuando llegó la mañana, Simón entró por la puerta del dormitorio para comenzar el proceso de desligar el espíritu de Sarah. Inmediatamente comenzó su trabajo con sumo cuidado y precisión. Cuando Simón desconectó los cables que la ataban a su cuerpo físico, su respiración se volvió más dificultosa.

Ahora había entrado en una especie de semi coma.

La enfermera había llamado al médico terrenal, pero ya no se podía hacer nada más.

Sarah articuló algunas palabras inconexas y sus gestos ahora eran inconscientes.

De repente sus ojos se abrieron enormemente y se fijaron en mí que estaba al pie de su cama observando el trabajo de Simón.

- Ella te reconoce - dijo Simón - Será difícil si ella siente miedo. Espérame allí, más lejos, de lo contrario tardaré mucho en desconectar el cable principal que la conecta a la vida terrenal.

Me alejé inmediatamente.

En unos segundos Sarah sacudió su pequeño cuerpo en un último suspiro. La enfermera se arrodilló junto a la cama y dijo una pequeña oración que ayudó mucho al trabajo de Simón.

Luego, liberada del cuerpo físico, pero sin darse cuenta, abrió los ojos y vio la figura de Simón frente a ella.

- ¿Quién es usted, señor generoso, que está aquí? Ayúdeme... sé que voy a morir pronto y no quiero sufrir más. Tengo miedo... temo a la muerte. Cometí muchos errores y sé que seré castigada cuando muera... ayúdeme... ayúdeme... libéreme del castigo que me espera... - dijo, mientras espesas lágrimas caían de sus ojos.

- Ven, vamos a llevarte a un lugar donde recibirás una cura completa para tus enfermedades. No tengas miedo, mi querida hija - Y tomándola de las manos, como a una niña indefensa, salieron lentamente de la habitación.

En el amplio pasillo del hospital terrestre fue colocada una camilla donde yacía Sarah, sostenida por Arístides, uno de los asistentes de Simón, y luego se quedó profundamente dormida.

- Por ahora no podrás verla - dijo Simón - Nuestra hermana está muy débil, ha sufrido mucho y el remordimiento le carcome el alma. Tu presencia con ella dificultará la curación, haciendo que nuestro trabajo requiera mucho tiempo y sea doloroso para ella. Podrás verla mientras duerme.

Sintiendo mi decepción, continuó:

- No te desesperes, querido. Ya es una gran felicidad tenerla en el mismo hospital donde vives. Sería más doloroso si la dejáramos a su suerte, ¿no crees? Si te presentaras a ella ahora, solo la aterrorizarías. Espera hasta que se sienta en condiciones de conocer su nueva situación y quiera verlo entonces. Nuestra felicidad, Celmo, está en amar a Dios sobre todas las cosas y al prójimo como a nosotros mismos. Trabaja y busca este amor.

Me sentí avergonzado de mi posición tan egoísta. Realmente había mucho que hacer, tantos para ayudar en la misma situación en la que se encontraba Sarah y yo me había entregado a un solo objetivo. Mi propia satisfacción.

- Y efectivamente - concluyó Simón - será necesario que ella sienta realmente la soledad en su alma para poder comportarse mejor en el futuro. Por ahora debemos esperar. Pronto volverá al estado de vigilia y seguirá sufriendo mucho hasta que sea plenamente consciente de sus acciones. Es un dolor necesario. Ya es una bendición y un consuelo para tu corazón, amigo mío, que podamos llevarte a Vila Marina. Sepa que esta bendición fue concedida a esta pobre hermana por tus méritos, amigo mío. Fue a través de tu dedicación a otros hermanos necesitados que el Padre nos permitió sacarla del cuerpo tan pronto como falleció y llevarla a un lugar de recuperación, de lo contrario quedaría abandonada a su suerte. A pesar de haber sufrido mucho en la Tierra, no podría encontrar ayuda aquí en el plano espiritual por su cuenta.

Nuestra hermana carece de comprensión espiritual. En cuanto la alojemos en Vila Marina, comenzaremos nuestro trabajo con ella.

Tan pronto como regresamos a Vila Marina, me despedí de Simón y de sus desinteresados ayudantes, agradeciéndole desde el fondo de mi corazón toda la ayuda que le habían brindado a mi querida Sarah.

Ya en la habitación, acostado en mi cama, me sentí un poco triste en el corazón, pero agradecido al Padre por la oportunidad que le había dado a Sara. Desde la ventana pude ver la pequeña plaza rodeada de árboles y flores. Me tomó mucho tiempo apreciar el cielo, que poco a poco se fue poniendo rojo. Las estrellas salpicaban el cielo como diciendo cuán grande era Dios y cuánto me quedaba por aprender.

Yo también me sentí solo, en ese momento tan importante de mi vida. Tenía razón sor Marina, la soledad a veces es buena para el alma.

Nos permite poner en orden nuestros pensamientos, buscar en nuestro interior las respuestas que tanto deseamos. Y los había encontrado en ese momento: "Daría mi vida por trabajar, daría mi trabajo por mi evolución y dejaría todo en las sabias manos de Dios."

Cerré lentamente la ventana y, con una sonrisa en los labios, me quedé dormido plácidamente.

Capítulo XXVI

"El ensueño de Sarah..."

Después de unos meses de tratamiento en las cámaras de recuperación, Sarah ahora estaba lista para recibir la revelación de su nueva condición espiritual.

Como todos los demás internos de esa ala, todavía creía que vivía en la Tierra. Ahora tenía una apariencia diferente, había recuperado la salud y el vigor de su cuerpo espiritual.

Nicanor fue el encargado de aclarar la situación.

- ¡No, no puedo creer lo que me estás contando! - Repitió entre lágrimas en una mezcla de asombro e incredulidad -. ¿Me trajeron a este hospital y me recogieron manos caritativas cuando todavía debería estar sufriendo? Oh, no, no puedo creer que esto sea la muerte... ¡No, no puede ser así!

- Cálmate - pidió Nicanor -, de lo contrario todo tu tratamiento se verá comprometido. Ahora que ya sabes toda la verdad, debes descansar un poco y reflexionar sobre todo lo que te dijeron. Intenta meditar y, si es posible, conciliar el sueño. Verás cuánto mejor te sentirás una vez que te calmes.

Tan pronto como Nicanor salió de la habitación, Sarah intentó recordar en detalle todas las palabras del instructor y pensar con mayor claridad en lo que había sucedido. Ahora todo parecía nuevo. Todos esos días pasados allí, aquellas conferencias que a menudo le habían parecido tan extrañas, empezaron a tener sentido en su corazón.

¡Dios mío! Entonces era verdad. Ya no formaba parte del mundo de los vivos. Una fuerte emoción se apoderó de su corazón. Se sintió agradecida y asustada por la nueva revelación.

Temerosa de la nueva situación, intentó calmarse y dar rienda suelta a sus recuerdos.

¿Aceptó el hecho que no tenía cuerpo y se preguntó dónde estaban sus seres queridos?

¿Dónde estaban Lamura y Farid Camur que tanto dolor habían causado en su existencia? ¿Y cómo estarían sus hijos ahora?

A la mañana siguiente su primer pensamiento sería hablar con la amable hermana Marina y preguntarle todo lo que no sabía. Recordó a sus hijos lejanos, creyendo que todavía vivían en la Tierra, y pensó en su padre, que había fallecido hacía tanto tiempo. ¿Dónde estaría ahora? Si la muerte del cuerpo une algún día a todos los miembros de la familia, como había sabido por Seunius, entonces seguramente se reuniría. ¿Cómo estaría Farid Camur? ¿Habría cambiado después de la muerte? ¿Podrían finalmente entenderse? ¿Habría perdón esta vez en labios de su padre? ¿Y su madre? ¿Dónde estaría? Cuando estaba viva, había recibido la noticia que ella se encontraba muy mal de salud y aunque, en ese momento, había sentido un deseo inmenso de volver a su comodidad, había creído prudente continuar su viaje junto a Seunius había aprendido el valor del trabajo, como maravillosa medicina para sus males, había ayudado a sus semejantes, sin esperar recompensa alguna. Ya no tenía bienes materiales desde que salió de Centromel en compañía de Lucas. En un patrón de pobreza casi absoluta, recientemente había vivido junto a Seunius hasta sus últimos días. Eran dos almas que compartían los mismos ideales hasta el día en que ella contrajo la extraña enfermedad que la llevó a la muerte.

Seunius había estado en su compañía hasta el final de sus días terrenales. Recordó los momentos en los que agonizaba con fiebre, parecía prever la figura de su marido a su lado y luego la terrible oscuridad en la que se encontraba por momentos o días que no podía definir con exactitud. Aturdida por las emociones y finalmente vencida por el cansancio, se durmió.

La puerta se abrió a la mañana siguiente y apareció Sor Marina sonriendo.

Su corazón se calmó entonces.

La amable dama se sentó a su lado, adivinando sus pensamientos. Ella tomó sus manos entre las suyas y le dijo:

- Calma ese corazoncito. Tus hijitos están desencarnados. Fue hace mucho tiempo que necesitaban esta prueba para su madurez espiritual. Observo que no eras consciente de este hecho, hija mía, pero esto no debería preocuparte ahora. ¡Les está yendo muy bien, están en compañía de Lamura, que se unió a nosotros hace un tiempo!

La mayor preocupación de Sarah en ese momento era deshacerse de ese pesado remordimiento que la consumía.

Quería saber más. Aunque sabía de antemano la respuesta a su pregunta, insistió:

- ¿Y Celmo? ¿También está entre nosotros? ¿También dejó la Tierra como yo? ¿Podré verlo y redimirme de todo este barro que le tiré? ¡Oh! Hermana Marina... ¡no calculas cuánto atormenta mi alma el arrepentimiento! No te imaginas cuántas lágrimas derramé escondidas de todos. Dime qué les hice a mis hijos al privarlos de mi compañía. Fui demasiado cruel buscando solo mi felicidad... No pensé en lo mucho que llorarían mis hijos en mi ausencia, en lo mucho que podría ser amada por ellos, encontrando allí mismo, en mi hogar, lo que buscaba mucho alrededor del mundo... De vuelta, ¿cómo? Ya no pude recuperar el cariño de mis hijos en vida. Lo único que podía hacer era seguir mi destino para no ser asesinada por mi marido, quien, habiendo sido traicionado, ciertamente había sufrido muchas humillaciones.

Si hubiera una manera de empezar de nuevo, sin duda lo haría. Les daría a mis hijos todo el amor que les negué. ¿Y Lamura? Ciertamente me ha perdonado, porque mis hijos están en su compañía...

- Tranquila Sara. Cálmate. ¡No te tortures así, no hay necesidad de hablar de eso ahora! Seguramente habrá la oportunidad para que algún día regreses a la Tierra y recuperes, a través de la reencarnación, todas las oportunidades que hoy dejaste escapar de tus manos. Dios, nuestro Padre Más Grande, nos ofrece constantemente oportunidades para rescatar nuestro pasado culpable y avanzar hacia la evolución espiritual. Aun es muy temprano, hija mía. Espera y confía en la bondad de Dios.

Al darse cuenta que todavía estaba muy angustiada, sor Marina pensó que lo mejor era informarle de los últimos acontecimientos.

- Muy cerca de aquí, hay un pequeño monasterio, donde se alojan algunas almas que aun necesitan mucho estudio y comprensión. ¿Recuerdas a tu primo Nail? Pues allí viven él y Farid, tu padre. Ellos se encargan, junto con otros trabajadores de a Colonia, de cultivar plantaciones de árboles, de la familia de los eucaliptos, que proveen de oxígeno a nuestra pequeña comunidad.

Esta Colonia espiritual también cuenta con instalaciones similares a prisiones terrenales, que albergan a personas desencarnadas provenientes de las zonas de penumbra, cuya única intención es dañar el orden y el buen progreso de la vida comunitaria en las diversas Colonias espirituales repartidas por el espacio, cercanas a la Tierra, como la nuestra. Estos hermanos pobres creen que todavía tienen un cuerpo material y sus necesidades también están muy materializadas. No desean la evolución de sus espíritus porque su desarrollo espiritual es aun muy inferior. Segregados de nuestra sociedad, restringidos en su libertad, viven temporalmente encarcelados para que sus malos actos no afecten a quienes realmente quieren ascender a esferas superiores.

Farid Camur se encargó de este trabajo, junto con Nail.

La solicitud de ambos fue trasladada a nuestras estaciones de servicio, y nuestro Gobernador, después de mucha reflexión, decidió atenderles, creyendo que esta experiencia contribuiría a un mejor entendimiento para ambos en las cosas del espíritu.

Estos hermanos enclaustrados por la fuerza son mantenidos bajo estricta vigilancia. Son espíritus muy endurecidos y vivían buscando a sus víctimas en la corteza terrestre.

Farid Camur y Nail son los encargados de organizar conferencias y estudios a través de los cuales buscan concientizar a las personas sobre la necesidad de amar a los demás. Ha sido una tarea muy ardua y duradera ya que no siempre son escuchados. Las virtudes de la paciencia, el perdón y el amor también se perfeccionan en el espíritu de Farid Camur y Nail.

- ¿Farid, mi padre, tomando conciencia de la necesidad de amor entre criaturas? ¡Oh! Es una bendición escuchar estas palabras de tus labios, hermana Marina. ¡Dime más!

- Tu padre falleció hace mucho tiempo, como sabes, y sufrió el desconocimiento de su nueva situación espiritual.

Creyendo que aun estaba vivo, permaneció durante mucho tiempo navegando los mares como era su costumbre, hasta que un día, por intuición o misericordia divina, se dio cuenta que algo extraño estaba sucediendo. Inmediatamente, se encontró nuevamente tendido, con un puñal clavado en la espalda, en el estrecho callejón de Centromel. En ese momento, toda la escena de su muerte se desarrolló frente a él. Le habían asaltado tras vender uno de sus barcos de pesca, cuando regresaba a casa.

Al reconocer al agresor, fue asesinado fríamente por él. ¿Cómo entonces se mantuvo con vida?

Rogó a Alá en oración para que esa pesadilla terminara. No podía entender cómo permanecía con todos sus sentidos registrando las mismas necesidades materiales, hambre, frío... todo era muy complicado.

Farid estaba confundido y desconcertado. Luego caminó sin sentido avanzando por la playa. Podía sentir el fuerte viento golpeando su pecho moreno, que su camisa dejaba al descubierto. Sintió el Sol quemarle la cara. Sus pies podían sentir la cálida y suave arena. Hija, deambuló así, entre la oración y la desesperación, durante muchos días, hasta que una tarde vio un barco anclado en la playa. ¡Era sorprendentemente brillante! Farid se acercó y lo examinó. No había nadie cerca. La playa estaba desierta, solo el ruido de las olas contra las rocas y el fuerte viento rompían el silencio. De prisa saltó dentro de él y, tomando los remos, sintió como si una fuerza extraña lo impulsara a remar.

Remó y remó hasta agotar sus fuerzas y aterrizó aquí entre nosotros, traído por el río que baña nuestra Colonia. Ya amanecía y nuestros caravaneros lo estaban esperando.

- ¡Fantástico, todo esto! - exclama Sara -. Lo que acabo de escuchar es sorprendente. Mi padre, mi padre... - y rompió a llorar. Sor Marina comprendió que le había tocado el corazón. Incluso entre lágrimas preguntó:

- Cuéntame más y más...

- No, querida, es suficiente por ahora. Es suficiente. No necesitamos insistir demasiado en el pasado. Llegará el día en que todos se encontrarán. Ahora hija mía, prepara tu corazoncito, porque vas a recibir la visita de alguien que lleva mucho tiempo esperando verte. Pero antes de hacerlo, cálmate y respira profundamente, dejando que las emanaciones que vienen de lo Alto reequilibren tu cuerpo.

Diciendo esto, colocó su mano derecha sobre la frente de Sarah durante unos segundos, transmitiéndole energía vigorizante.

Se fue, cerrando la puerta detrás de él y dejando a la joven en profunda meditación.

Abrí la puerta suave y emocionalmente. No sabía qué actitud tomar hacia quien había sido mi amado compañero en la Tierra.

Sarah estaba acostada en la cama. Llevaba el pelo recogido en la parte superior de la cabeza, como en el pasado. Los ojos negros, muy grandes, estaban fijos en mí.

Entré a la habitación y petrificado por la emoción, me quedé quieto por unos instantes solo mirándola.

De repente corrí hacia ella y la abracé. Sentí mi corazón latir fuertemente dentro de mi pecho como si quisiera saltar gritando toda la alegría que contenía.

Sarah sollozaba y reía mientras acariciaba mi rostro, secando las lágrimas que ya no podía contener.

Ese momento se sintió como una eternidad de felicidad. Volví a tener en mis brazos a mi amada esposa que repetía y repetía entre lágrimas – perdóname, Celmo, perdóname, amada mía...

Con la voz ahogada por la emoción, solo pude decir:

- Querida, querida, estamos aquí, juntos, eso es lo que importa...

- ¡Oh! Celmo, Celmo, he estado amargada toda mi vida por el remordimiento de haberte causado tanto sufrimiento... Solo Alá sabe cuánto sufrí y...

- No, no quiero saber qué pasó. Cuando llegué aquí también sentí la necesidad de recordar y hablar de todo lo que había pasado. Sufrí en la Tierra, pero aprendí que nuestro mejor compañero es el silencio. Silencia tus labios para el dolor. No debemos recordar los sufrimientos pasados ya que nos hacen sufrir de nuevo y más intensamente. Ahora tenemos la oportunidad de una nueva vida, una vida espiritual, nuestra verdadera vida donde el trabajo y la mejora de nuestra moral son los verdaderos valores a considerar y buscar. Siente, simplemente siente esta maravillosa vibración que emana de nuestro espíritu y que nos impulsa hacia el amor verdadero que realza el alma.

Sarah se acurrucó dulcemente en mi pecho. Todos los dolores están ahora en el pasado lejano.

Así estuvimos mucho tiempo. Un aroma a flores parecía invadir todo el espacio, proveniente del exterior, como si la brisa soplara suavemente hacia nosotros.

Mi corazón quería gritar toda la alegría de ese momento que estaba esperando. Quería decir tantas cosas, hablar de todo lo que había aprendido en Vila Marina y que también la estaba esperando, pero no encontraba las palabras adecuadas para ese momento.

Poco a poco se fue tranquilizando y finalmente dijo:

- Celmo, querido, intentaré hacer de ahora en adelante todo lo que dejé olvidado en el alma. Haré todo lo posible para borrar el dolor que sembré en el destino de quienes me han sido confiados. Finalmente reconozco mis errores y sé que lo lograré...

- No hablemos ahora del pasado – le dije -. Tendremos mucho tiempo para repensar todo con paciencia y planificar nuestro futuro. Ahora simplemente agradezcamos al Padre por la belleza de este reencuentro. Hagamos solo una promesa. La promesa de amarnos mucho, a partir de este momento.

Los ojos de Sarah estaban llorosos y sentí que ella también lo deseaba.

Nueva separación...

Ha pasado mucho tiempo desde aquel día en que finalmente nos volvimos a encontrar. El trabajo continuó con regularidad y al final de cada tarde nos reuníamos en los bosques y jardines de Vila Marina.

Al atardecer, cuando terminó el trabajo, Sarah y yo fuimos al templo de oraciones para dar gracias por otro día de bendición y trabajo gratificante. Mi alegría era visible. A pasos agigantados avanzó en su desarrollo personal.

Alentada por mí y por nuestros instructores, ahora se sentía casi que se liberaba de sus miedos sobre sus errores pasados.

Sin embargo, una mañana la hermana Marina la llamó a su oficina.

- Tengo algo que comunicarte, hija mía – le dijo apenas se sentó -. Nuestro Padre quiso que recibieras aquí en Vila Marina tus primeras enseñanzas para las luchas del mañana; sin embargo, es necesario que continúen cada vez más con sus enseñanzas, para que, en el futuro, cuando deseen recibir un nuevo cuerpo en la Tierra, tu espíritu ya esté lo suficientemente dilucidado para que no vuelvas a fallar.

- Eso es lo que temo, hermana Marina - dijo la joven.

- No habrá motivo para temer si aprovechas las oportunidades.

Capítulo XXVII

"Anuncio..."

Bastantes oportunidades suficientes en el mundo espiritual. Por lo tanto, vuestro propio esfuerzo garantizará vuestros correctos pasos en el mundo terrenal. Y, tendiéndole una pequeña hoja de papel, prosiguió:

- Este es un comunicado del Departamento de Educación de La Mansión del Amor. Será necesario que vayas allí para recibir lo que aun te falta.

Sarah posó sus ojos ahora húmedos en la interlocutora.

- Estaba tan acostumbrada a todos aquí... ¿realmente necesito irme? - Dijo la joven con la esperanza que realmente no fuera necesario distanciarse de aquellos a quienes finalmente había aprendido a amar.

- En La Mansión del Amor - dijo sor Marina -, tendrás la oportunidad de convivir con personas que, como tú, fracasaron en la dulce tarea de la maternidad. Allí encontrarás a Lamura y sus dos hijos esperándote. Juntas asistirán a escuelas comunitarias, donde tendrán la oportunidad de orientarse y también abrir sus mentes a una futura encarnación.

Tendrán la oportunidad de elegir las pruebas y adaptarse a ellas. Pasarán por diversos departamentos de asistencia a niños discapacitados y recién desencarnados, donde podrán ejercer el amor en toda su plenitud. Sí, hija. Es necesario que recuerdes que, a pesar de tu firme intención de regenerarte, todavía estás muy endeudada.

- Sí, nunca lo olvidaré – dijo la joven bajando la mirada.

- ¿Entonces que esperas? Luchemos, porque ella está ahí para nuestra alegría futura - dijo sonriendo y animándola.

Sarah se secó las lágrimas que insistían en caer. Su corazón comprendió que su estancia allí era solo temporal y que necesitaba mucho más para su evolución.

- Vamos - dijo sor Marina -, después de todo, ¿qué es más bonito? ¿Dar o recibir? Recuerda que dando amor y dedicación a quienes más lo necesitan y además son infelices, recibiremos el doble en el futuro. Entonces, no ignores que esta separación de Celmo también es beneficiosa para ambos.

- Sí, sí. Sé que, por lo mucho que he recibido de todos los aquí presentes, debo hacer un esfuerzo, sin embargo... no me abandonen... ayúdenme a caminar hacia el progreso de mi espíritu. Vigílame, ruega a Jesús a mí, para que no sucumba en el camino trazado por Él.

Sor Marina posó sus tiernos ojos en Sara y elevó una sencilla oración al Padre, pidiendo toda la protección que la joven necesitaría en su nuevo esfuerzo en el mundo espiritual, hacia su evolución. En cuanto Celmo se enteró de la inminente salida de Sarah de Vila Marina, corrió a su encuentro.

Entre lágrimas y abrazos, consolaron sus espíritus, seguros que la justicia divina les brindaría un nuevo encuentro. Fueron días de mucha amargura para ambos, que precedió a la salida de Sarah de Vila Marina.

Esa tarde, mientras se dirigían hacia el bosque con el corazón sangrando por el anhelo que ya estaba presente, como a la mañana siguiente ella saldría de Vila Marina, Estácio, al darse cuenta de su sufrimiento, dijo:

- Bueno, ahora endereza ese ceño, niña, ¡parece que vas a morir! De repente Sarah se echó a reír:

- Así es – dijo – no debemos dejar que la tristeza arruine nuestra despedida. Cantemos, cantemos todos para ahuyentar la tristeza. Pronto vino a mis labios la vieja canción de mi tierra y todos, Juan Francisco, Estácio y Mateus, la siguieron entusiasmados.

Sara también cantó y poco a poco nuestra tristeza dio paso a una paz creciente que invadió nuestras almas, dándonos la certeza que ninguna separación es permanente.

Cuando finalmente llegó el momento de nuestra despedida, todos nos arrodillamos sobre la suave hierba de aquel acogedor bosque y pedimos en oración al Padre por la partida de mi querida Sara:

- "Ahora que estamos reunidos en este sencillo bosque, nos despedimos de nuestra amiga y compañera, te pedimos Señor tu protección para ella que habitará otra región en labores constructivas, nunca visites su alma, pero, si esto sucede, sostenla, Señor, para que pueda desempeñar su tarea con amor y desinterés. Dondequiera que vaya, nuestra hermana tendrá la oportunidad de perfeccionarse en una obra edificante.

También tendrá amigos devotos que harán su estancia más feliz. Protégela; sin embargo, Señor, para que la memoria de los que quedan no la dañe, sino que sea un estímulo para su progreso. Padre Nuestro que estas en el cielo, Santificado sea tu nombre. Venga a nosotros tu Reino, hágase tu voluntad y no la nuestra, Señor. Apóyanos y protégenos. Danos una guía segura en nuestro camino. Que así sea."

Al final de la oración, todos estábamos llenos de amor y comprensión. Los ojos están húmedos por el anhelo que ya crecía, pero el corazón estaba celebrando.

Capítulo XXVIII

"La justicia..."

Después que mi esposa se fue a la otra Colonia espiritual, me trasladaron a otro lugar.

Trabajé junto a Juan Francisco, en el laboratorio de Vila Marina.

Aun así, después del trabajo diario habitual, me encontré con mis antiguos compañeros y fuimos a la misión de rescate con nuestro antiguo equipo.

En aquellas ocasiones en las que tenía permiso, iba a la Mansión del Amor para reunirme con Sarah.

Intercambiamos impresiones sobre nuestro trabajo, informamos de nuevos aprendizajes y paseamos como dos enamorados por el encantador entorno de la Mansión del Amor.

Sarah, además del trabajo que se le asignó, asistió a la escuela de Aprendizaje Espiritual.

Sus instalaciones contaban con una brillante biblioteca.

Compartía sus habitaciones con una joven llamada Alda, quien desempeñaba el cargo de dedicada enfermera en la Mansión del Amor, y siempre que salíamos a caminar teníamos la encantadora compañía de la joven a nuestro lado. Se formó una fuerte amistad entre nosotros. Han pasado treinta años aprendiendo, trabajando y preparándonos para nuestro futuro regreso a la Tierra.

Ahora estábamos todos reunidos en un gran salón, en el que un instructor nos explicaría nuestros destinos.

Hasta ese momento no se nos había dicho nada sobre nuestra próxima reencarnación. Todos sabíamos que algún día tendríamos que regresar a la Tierra para saldar nuestras deudas, pero realmente no habíamos pensado en ello hasta esa convocatoria.

Después de un largo silencio, Salústio llamó a todos los presentes. Observando que todos, o casi todos, estaban allí, a excepción de Tulí, Farid Camur, Zaira y Seunius que se encontraban en otra Colonia espiritual.

El resto esperaba escuchar la palabra del magistrado de reencarnaciones.

- Ya es una gran bendición que todos - comenzó -, puedan regresar a la Tierra para luchar en el olvido temporal por la perfección de sus espíritus.

Digo bendición, porque no todas las criaturas que regresan allí lo hacen conscientemente. Pero todos aquí hemos trabajado duro para merecer este regalo.

Tendrán una nueva oportunidad en la carne donde aprenderán a luchar por lo justo, por lo noble.

No olviden que, amándose mucho, podrán vencer.

Todos regresarán para rescatar el pasado, pero regresarán con una gran cantidad de conocimiento espiritual.

Por lo que he observado han avanzado mucho y con este esfuerzo formarán cuerpos sanos.

Excepto algunas enfermedades sin importancia. Noten bien que esta es una bendición del Señor, no habrá otras más graves.

Regresarán con un cuerpo sano para que, a través de él, puedan desarrollar su elevación hacia una mayor evolución.

Y, volviendo la mirada hacia todos los que estábamos conmovidos, continuó con actitud paternal:

- Todavía tendrán algo de tiempo para pasar tiempo con nosotros antes que empiecen a irse los primeros.

Deben aprovechar esta experiencia para superaros en lo que aun les falta.

El laboratorio dejó aquí las explicaciones necesarias para que yo se las transmita.

Hojeando un libro, Salústio leyó en voz alta:

- Farid Camur era el padre de nuestra hermana Sarah y ahora tendrá la oportunidad de ser su hijo.

Él aprenderá a amarla y ella tendrá la tarea de protegerlo como una madre amorosa. No hablaré de lo que está escrito entre líneas en vuestros caminos, porque creo que solo es necesario recordar a todos que el amor regenera el alma enferma.

Nuestra hermana Sarah tendrá suficientes oportunidades de poner en práctica todo lo que aprendió en nuestros aposentos. Conducirá a las almas errantes a un refugio seguro con sus palabras de cariño y consuelo a todo aquel que se cruce en su camino.

Y posando sus ojos tranquilos en el rostro húmedo de mi esposa, continuó:

- La que fue para él una madre devota y que ahora está entre todos, también será para ella una muy buena hija. Lamura deberá amar a su madre y así borrar el resto del pasado que quedó atrás. Esto es muy importante, Sarah. Dependerá de ti hacer la mayor parte del trabajo, ya que estás dispuesta a regenerarte. Recibirás en tu regazo a los que fueron tus padres.

Encontrarás en Tulí no al enemigo de otros tiempos sino a la madre entregada que te ayudará a escalar el camino que te llevará a la perfección y Ornara será el padre que junto a Tulí conducirá a Nail Camur por el camino del bien ya que será un hijo amado.

Ornara tendrá como madre el espíritu bondadoso de Kara, quien nacerá en un entorno material con pocos recursos y luego irá cosechando la redención para su espíritu a través de su trabajo.

Como hijo de Kara - dijo Salústio a Ornara - tendrás también muchas dificultades materiales, pero las superarás con esfuerzo y muchas renuncias personales.

Él también estará entre ustedes, formando esta nueva familia terrenal, Famila y Abraham Salus, quienes acogerán a Lucas y Selma como a sus amados hijos.

Esta última nos ayudará mucho al acoger en su regazo a espíritus que en el pasado no formaban parte de su familia terrenal, pero que igualmente necesitan de un cuerpo físico para completar su evolución.

Recibirá como compañero, en este viaje, al padre de Famila en una encarnación anterior y así los irá acercando en las luchas del planeta.

Y volviéndose hacia Sara, concluyó:

- Tú, hija mía, llevarás la mejor parte del sacrificio. Como el amor ha estado alejado de tu corazón previamente endurecido por mucho tiempo, volverás con la obligación divina de amar a quienes están a tu lado.

Seguirán estos nuevos caminos que los conducirán a la redención. Fuiste fuente de discordia e infelicidad cuando vivías en la Tierra, pero ahora volverás a unirlos nuevamente bajo el vínculo de comprensión y amor. Conducirás a Lamura y Farid por el camino del bien y les dedicarás el amor que una vez les negaste.

Fáuzia, amarás como una abuela amorosa, y Lucas será tu compañero en la experiencia terrenal.

Deberías amarlo bien y olvidar el pasado. Amor, solo el amor será tu redención.

Y tú – posó su mirada en Núbia – será tuya también la oportunidad de reparar el daño causado a Tulí. La justicia divina, hijos míos, no falla.

Yo, que también esperaba mi parte en esta nueva familia, no la tuve. Al darse cuenta de mi decepción, Salústio observó:

- Tú tendrás tu parte en esta lucha por la felicidad futura, espera y confía en Jesús. Llegará el momento de trabajar por los tuyos.

Dirigiéndose a la mujer que había sido esclava en el palacio del sultán, posó su amable mirada en su rostro preocupado y continuó:

— Núbia, se te dará la oportunidad de saber incluso perdonar a tus enemigos mediante la sumisión. Todos tenemos lo que merecemos, así que no olvides que solo amando y perdonando seremos iguales a la justicia de lo Alto.

Mis pensamientos, por un momento, regresaron al pasado, atraídos por una fuerza extraña, aterrizando suavemente en la lejana Bagdad.

Reviví, con infinita tristeza, el episodio que inició toda esta complicada trama de emociones, odios y traiciones, encuentros y desencuentros. Mi espíritu, como momentáneamente transportado al pasado, sintió una vez más la cálida brisa de las soleadas mañanas de Bagdad golpeando suavemente mi rostro, trayendo un agradable aroma a flores.

La escalera del palacio del Emir Ornar apareció frente a mí. Subí vacilante las escaleras que me conducían al palacio y entré en la residencia de quien tanto daño nos había causado a todos.

El delicado sonido de armoniosa melodía surgía de la habitación de las odaliscas, invadiendo mi espíritu con una extraña paz. Como por arte de magia, la figura de Zaira apareció frente a mí, apareciendo de la nada.

Su sonrisa seductora, tu mirada penetrante y tentadora a los arrobamientos del amor, su cabello negro y ondulado, cayendo a lo largo de sus hombros, su andar suave, su voz... todo se sentía muy, muy real.

De repente esa hermosa figura de mujer se desmoronó ante mis ojos, dando paso a una Zaira desesperada y alucinada.

La escena de su muerte ocurre entonces frente a mí.

Sus manos aterrorizadas buscan frenéticamente el Guardo del puñal con el que se cortará las muñecas, pensando de esta manera liberarse del castigo que le había impuesto el Emir Ornar.

Una lágrima corre por sus ojos mientras la sangre comienza a fluir por sus muñecas.

Su último pensamiento se dirige al hombre que ama: Farid Camur.

A medida que sus fuerzas se desvanecen lentamente, Zaira revive con alegría indescriptible todos los momentos de idilio amoroso con él. Un último sentimiento de inmenso odio y celos se dirige hacia Lamura, la esposa de Farid.

Se recuesta en el cojín y cae en un sueño eterno.

Momentos después, vuelve a abrir los ojos, sintiendo la agonía de la muerte asfixiando sus pulmones, pero... pero ella sigue viva...Pobre Zaira, camina por los pasillos del palacio del sultán, deambulando sin rumbo, durante mucho tiempo sin comprender su verdadero estado.

Vio figuras pasar a su lado, caminando por los pasillos, ajenas a lo que le estaba pasando.

Sintió hambre, frío, dolor... Gritó pidiendo ayuda, suplicó ayuda, pero... nadie la escuchó. Su sufrimiento fue inmenso, el terror... su compañía constante.

Una noche, atraída por el pensamiento de Farid Camur, fue como arrastrada, succionada hacia la prisión donde él estaba encarcelado, a instancias del emir Ornar desde hacía algún tiempo.

Sin entender lo que había pasado, cómo había logrado llegar allí, intentó desesperadamente hablar con él.

Sin embargo, su voz ronca y llorosa se perdió en el espacio que separa a los vivos de los muertos. Zaira experimentó una agonía cada vez mayor. Aferrada al cuerpo del hombre que amaba, lamentaba su desgracia sin comprender nada.

Fueron muchas noches y días en los que Zaira luchaba desesperada, clamando por la palabra de aquel a quien amaba. Pero Farid permaneció inmóvil y ajeno a todo lo que sucedía al otro lado, en la vida espiritual.

Y en ese estado de lamento y agonía, Zaira, ya no era capaz de soportar tanto sufrimiento, permaneció escondida en un rincón de aquella celda húmeda. Bañada en lágrimas y dolor que la torturaba, se quedó dormida.

Cuando despertó horas más tarde, ya no encontró a Farid Camur en la celda. Se levantó tambaleante. Con el pelo enredado y los ojos desorbitados por el terror de encontrarse sola, pronunció su nombre en vano. Lloró desesperadamente por quien amaba. Pidió ayuda, misericordia del Emir Ornar, pero su voz se perdió en el espacio entre la vida y la muerte.

Luego lloró durante mucho tiempo, tumbada en el suelo de ese calabozo. Su cuerpo sollozando ya no tenía fuerzas para gritar pidiendo ayuda.

Atrapada en prisión, Zaira vivió mucho, mucho tiempo, amargada por su acto intrascendente, completamente ajena a lo que le había sucedido.

Nunca había vuelto a ver a Farid Camur, pero en su corazón albergaba la esperanza de volver a verlo.

Su alma; sin embargo, seguía alimentando un extraño y creciente odio hacia la esposa de Farid, sin poder comprender; sin embargo, hasta qué punto ella y Farid habían cambiado el destino de Lamura Camur.

Poco a poco el fuerte olor de la prisión fue desapareciendo. Comencé a sentir mi espíritu fluctuar. Una sensación de ligereza se apoderó de todo mi ser y esa escena, que tanto me había conmovido, se disipó como una pequeña nube en el espacio. Abro los ojos y me doy cuenta que estoy nuevamente en el salón del ministerio. Zaira no estaba entre nosotros, pero estaría junto a todos en el futuro, reencarnada.

Su espíritu estaba siendo preparado para su regreso. Esperamos en silencio. Teníamos lágrimas en los ojos, porque sabíamos que estábamos endeudados y que debíamos esforzarnos mucho para no volver a fracasar.

Finalmente, tras unas horas de aclaraciones, Salústio cerró, entregándole el plano a su asistente de esos futuros cuerpos para ser enviados al laboratorio de reencarnación. Entonces yo, junto con Sarah, me acerqué a su simpática figura y, conmovido, le pregunté:

- ¿Yo también regresaré a la Tierra? Anhelo tanto regresar en compañía de los míos.

- Tu tarea está aquí, Celmo - respondió.

Si todos cumplen satisfactoriamente el programa, puedes estar feliz por ello.

- ¿Cómo así? - Inquirí sin entender.

- Tú serás el encargado de guiar los pasos de nuestra Sarah y sus dos hijos en el futuro, mi querido Celmo, pues esas dos almitas también necesitarán regresar para recibir finalmente de Sarah el amor que tanto buscaron. Regresarán como seres amados cuando nuestra hermana, liberada de los compromisos asumidos con sus hijos, comience nuevamente su camino, ayudando, amando y perdonando sin cesar hasta el último de sus días terrenales.

Yo estaba exultante y abracé al amable Salustio, agradecido.

- ¡Oh! ¡Celmo! - Dijo Sara emocionada -. Nos separaremos otra vez. No me dejes fallar. Ayúdame cuando en la Tierra tenga el velo del olvido sobre mi cabeza, tengo mucho miedo de fracasar.

- Salústio te asignará otra persona para que te acompañe en el viaje terrenal - dijo Alda, acercándose y que había permanecido en silencio durante todo el encuentro.

- ¿En serio? - Dijo Sarah abrazando a su amiga.

- Volveré a la Tierra nuevamente. No seré parte de tu familia terrenal, pero Jesús guiará mis pasos hacia ustedes.

Nos abrazamos, nos tocamos.

- ¡Oh! Alda, qué bueno es estar juntas en este camino terrenal - a mi esposa se le saltaron las lágrimas.

- No olvidaremos nuestra amistad - añadió Alda -. Porque es sincera y nació de una noche de sufrimiento. Hace muchos años caminamos juntas hacia la perfección.

Y juntos, los tres, salimos de aquella sala de reuniones, caminando abrazados mientras una nueva esperanza nacía en nuestros corazones.

- Pasarán algunos años más antes que nos vayamos. Hasta entonces todavía tendremos muchas oportunidades por delante.

Llegamos ahora a la plaza principal de la ciudad. Se podían ver las primeras estrellas brillando en el cielo.

Nos sentamos los tres contemplando aquel paisaje encantador. Fue entonces cuando me acordé de Tulí. Vivía en otra esfera, completando su aprendizaje junto con otros espíritus afines.

Sé poco sobre su desencarnación, las escenas vividas en el pasado a menudo conmocionan nuestra memoria.

En cuanto al Emir Ornar, el sultán, estaba en el monasterio, todavía preso.

Su espíritu, muy inferior, clamó venganza, por lo que fue retenido allí, después de su desencarnación, para que no ejerciera su ira sobre Tulí, quien aun ensayaba sus primeros pasos en la espiritualidad.

Lamentablemente, ahuyenté esos recuerdos.

- Cuando nos vayamos dentro de unos años, vuelve a este lugar, Celmo, y recuerda los momentos de ahora - me pidió Sarah -. Que este rincón sea una fortaleza de amor y comprensión entre nosotros.

Y juntos, abrazados, los tres permanecimos en silencio en la contemplación de las luces que se encendían una a una en el firmamento, envolviendo nuestra Colonia en un crepúsculo maravilloso.

Epílogo

Unos años más tarde, los primeros espíritus que fundarían la familia terrena que hoy existe en una ciudad de Brasil comenzaron a partir hacia la Tierra.

Y fue así que una vez más aquellas almas sufrientes, que vivieron en el siglo pasado en tierras árabes, se reunieron nuevamente, esta vez en diferentes situaciones, pero todas con la bendición de la luz renovadora del Espiritismo en sus hogares.

La que un día vivió en Bagdad, bajo el nombre de Tulí, y que estaba dotada de una belleza rubia y graciosa y que vivía adornada de joyas, es hoy una dama de conmovedora sencillez, completamente distinta de las demás.

El maestro Camur, de aspecto elegante y alto, es hoy un joven inteligente y sensato, que con poco más de tres años ya interpretaba canciones al piano en su casa, demostrando la fuerte inclinación musical que tenía en su espíritu.

Ornara, que en ese momento había vivido en compañía del sultán, renació en un ambiente humilde para poder alcanzar su elevación espiritual con sus propios esfuerzos.

Hoy, después de muchos intentos frustrados, finalmente ve su ideal hecho realidad: Fáuzia, Kara, Abraham, Famila, Lamura, Selma, Sarah, Jamil y Farid, que tuvieron sus destinos entrelazados en el pasado y que descendían de un alto linaje, fueron reencarnados en hogares sencillos donde luchan por alcanzar la felicidad a costa de un trabajo edificante, como lo hace Lucas, ahora de nuevo pareja de Sarah.

Núbia: la esclava de Tulí será criada por ella en la encarnación actual, dando así la oportunidad a ambas de reconciliarse. También regresó Seunius, el fiel amigo de Sarah. Y en el momento oportuno, ella lo reconocerá en el planeta, trayendo de vuelta las emociones vividas en el pasado. Sarah Camur será entonces puesta a prueba una vez más, y Alda, la amable Alda que regresó a la Tierra con otra familia, ha sido su devota amiga desde que era pequeña. La amistad eterna une a estas dos almas que, en la escuela terrena, lucharán por aprender la maravillosa lección del amor al prójimo. El tiempo ha pasado rápidamente desde aquel día, en el Ministerio. Muchos ya se han ido, buscando en la reencarnación y en el olvido todo lo bendito, redención de sus deudas. Desde donde estoy busco, muchas veces solo y melancólico, ese rincón maravilloso y silencioso, recordando la divina lección del Maestro:

"*Sufrió y amó para que pudiéramos aprender. Renunció para que sus hermanos fueran felices. Su ejemplo de humildad nos deja un gran legado.*"

Hoy dirijo mi afectuoso pensamiento a todos ustedes que aun se encuentran en la Tierra, formen o no parte de mi familia espiritual, para que no cultiven en sus corazones incomprensiones, rencores, envidias, odios, celos y calumnias.

Si mis palabras pueden ayudarles de alguna manera, me consideraré feliz y agradecido con Jesús por haberme dado la bendita oportunidad de mostrarles parte del largo camino.

Hay tantas criaturas en el mundo esperando una palabra amable y un gesto de apoyo, ¿cuántas y cuántas veces hubiéramos podido aliviar el sufrimiento de nuestro hermano con tan solo una amable sonrisa?

Que Jesús ilumine el camino de todos y que la luz del entendimiento brille en vuestros corazones, aliviando así todo el dolor y sufrimiento que el camino terrenal pueda traerles. A todos los que leen esta historia, la historia de un hombre que vivió y sufrió como ustedes en la Tierra, mi agradecimiento y que Dios esté siempre en sus corazones, apoyándolos en los momentos difíciles de su existencia terrena, a mi familia, siempre amada y tan esperado, el mi abrazo espiritual.

Celmo Robel.

FIN.

Grandes Éxitos de Zibia Gasparetto

Con más de 20 millones de títulos vendidos, la autora ha contribuido para el fortalecimiento de la literatura espiritualista en el mercado editorial y para la popularización de la espiritualidad. Conozca más éxitos de la escritora.

Romances Dictados por el Espíritu Lucius

La Fuerza de la Vida

La Verdad de cada uno

La vida sabe lo que hace

Ella confió en la vida

Entre el Amor y la Guerra

Esmeralda

Espinas del Tiempo

Lazos Eternos

Nada es por Casualidad

Nadie es de Nadie

El Abogado de Dios

El Mañana a Dios pertenece

El Amor Venció

Encuentro Inesperado

Al borde del destino

El Astuto

El Morro de las Ilusiones

¿Dónde está Teresa?

Por las puertas del Corazón

Cuando la Vida escoge

Cuando llega la Hora

Cuando es necesario volver

Abriéndose para la Vida

Sin miedo de vivir

Solo el amor lo consigue

Todos Somos Inocentes

Todo tiene su precio

Todo valió la pena

Un amor de verdad

Venciendo el pasado

Otros éxitos de Andrés Luiz Ruiz y Lucius

Trilogía El Amor Jamás te Olvida

La Fuerza de la Bondad

Bajo las Manos de la Misericordia

Despidiéndose de la Tierra

Al Final de la Última Hora

Esculpiendo su Destino

Hay Flores sobre las Piedras

Los Peñascos son de Arena

Otros éxitos de Gilvanize Balbino Pereira

Linternas del Tiempo

Los Ángeles de Jade

El Horizonte de las Alondras

Cetros Partidos

Lágrimas del Sol

Salmos de Redención

Libros de Eliana Machado Coelho y Schellida

Corazones sin Destino

El Brillo de la Verdad

El Derecho de Ser Feliz

El Retorno

En el Silencio de las Pasiones

Fuerza para Recomenzar

La Certeza de la Victoria

La Conquista de la Paz

Lecciones que la Vida Ofrece

Más Fuerte que Nunca

Sin Reglas para Amar

Un Diario en el Tiempo

Un Motivo para Vivir

¡Eliana Machado Coelho y Schellida, Romances que cautivan, enseñan, conmueven y pueden cambiar tu vida!

Romances de Arandi Gomes Texeira y el Conde J.W. Rochester

El Condado de Lancaster

El Poder del Amor

El Proceso

La Pulsera de Cleopatra

La Reencarnación de una Reina

Ustedes son dioses

Libros de Marcelo Cezar y Marco Aurelio

El Amor es para los Fuertes

La Última Oportunidad

Nada es como Parece

Para Siempre Conmigo

Solo Dios lo Sabe

Tú haces el Mañana

Un Soplo de Ternura

Libros de Vera Kryzhanovskaia y JW Rochester

La Venganza del Judío

La Monja de los Casamientos

La Hija del Hechicero

La Flor del Pantano

La Ira Divina

La Leyenda del Castillo de Montignoso

La Muerte del Planeta

La Noche de San Bartolomé

La Venganza del Judío

Bienaventurados los pobres de espíritu

Cobra Capela

Dolores

Trilogía del Reino de las Sombras

De los Cielos a la Tierra

Episodios de la Vida de Tiberius

Hechizo Infernal

Herculanum

En la Frontera

Naema, la Bruja

En el Castillo de Escocia (Trilogía 2)

Nueva Era

El Elixir de la larga vida

El Faraón Mernephtah

Los Legisladores

Los Magos

El Terrible Fantasma

El Paraíso sin Adán
Romance de una Reina
Luminarias Checas
Narraciones Ocultas
La Monja de los Casamientos

Libros de Elisa Masselli
Siempre existe una razón
Nada queda sin respuesta
La vida está hecha de decisiones
La Misión de cada uno
Es necesario algo más
El Pasado no importa
El Destino en sus manos
Dios estaba con él
Cuando el pasado no pasa
Apenas comenzando

**Libros de Vera Lúcia Marinzeck de Carvalho
y Patricia**

Violetas en la Ventana

Viviendo en el Mundo de los Espíritus

La Casa del Escritor

El Vuelo de la Gaviota

**Vera Lúcia Marinzeck de Carvalho
y Antônio Carlos**

Amad a los Enemigos

Esclavo Bernardino

la Roca de los Amantes

Rosa, la tercera víctima fatal

Cautivos y Libertos

Deficiente Mental

Aquellos que Aman

Cabocla

El Ateo

El Difícil camino de las drogas

En Misión de Socorro

La Casa del Acantilado

La Gruta de las Orquídeas

La Última Cena

Morí, ¿y ahora?

Las Flores de María

Nuevamente Juntos

Libros de Mônica de Castro y Leonel

A Pesar de Todo

Con el Amor no se Juega

De Frente con la Verdad

De Todo mi Ser

Deseo

El Precio de Ser Diferente

Gemelas

Giselle, La Amante del Inquisidor

Greta

Hasta que la Vida los Separe

Impulsos del Corazón

Jurema de la Selva

La Actriz

La Fuerza del Destino

Recuerdos que el Viento Trae

Secretos del Alma

Sintiendo en la Propia Piel

World Spiritist Institute

www.ingramcontent.com/pod-product-compliance
Lightning Source LLC
LaVergne TN
LVHW041807060526
838201LV00046B/1165